TRANSLATION

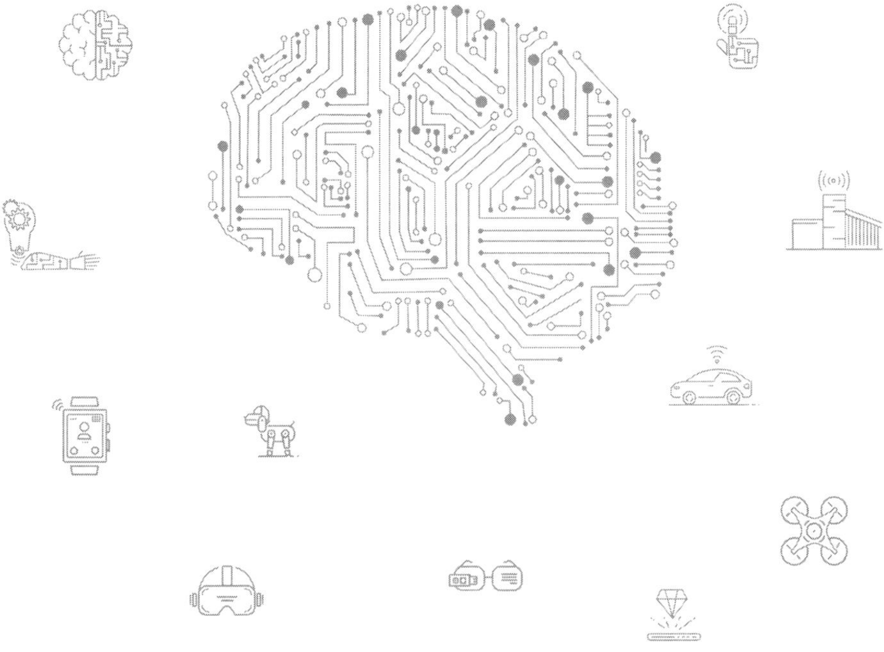

통역과 번역의 이해

이혜승 지음

신아사

서문

서로 다른 문명, 낯선 문화가 만나는 곳에는 늘 통역과 번역이 있었다. 외교 관계나 교역, 협상과 같이 국가나 기관들 사이의 공식적인 교류뿐 아니라 다른 언어를 구사하는 개인들 사이의 소통도 갈수록 확대되고 있다. 통역과 번역은 전 세계 76억 인구가 6900여 개의 언어를 다 알지 못해도 서로를 이해할 수 있게, 쌓아온 지식을 교환하며 풍요를 도모할 수 있게 해준다. 인류 역사의 시작과 함께 꾸준히 성장해온 문명, 문화권 사이의 교류, 경계를 넘어선 지적 욕구의 충족을 가능하게 했던 것이 바로 통역과 번역이다.

의미 전달을 중시한 해석이론, 기능주의와 스코포스 이론, 행위로서의 통번역, 그리고 최근에는 통번역 과정에 개입한 참여자들의 지위와 역할, 역사적 측면에 대한 고찰 등 통역과 번역에 대한 학술적 연구는 갈수록 그 분야를 넓혀가고 있다. 베이커(2009)의 언급처럼 '형성 과정에 있는' 학문으로서 통역학과 번역학이 뿜어내는 지적 에너지는 풍부한 연구 가능성을 제시하면서 역으로 언어학, 민족학, 문화학, 사회학, 심리학 등 전통적인 학문이라고 할 수 있는 타 분야 연구자들의 관심을 끌고 있다. 국내에서는 2000년대 초부터 일반 및 전문대학원의 전공 과정으로 통역과 번역이 개설되어 전문적 연구가 왕성하게 이루어지기 시작했으며, 학문적 열기는 교육으로도 이어져 전공이나 강좌

개설 기준으로 2012년 약 70개 대학에서 통역과 번역 관련 교육이 진행되고 있다.

이 책은 이문화권 의사소통 활동으로서 통역과 번역에 대한 기본적인 정보를 제시하고 현장에서 구체적으로 논의될 수 있는 문제나 현상들을 소개함으로써 통역과 번역에 관심 있는 학생들, 일반 독자들의 이해를 돕는 것을 목적으로 한다. 따라서 개연성 있는 이론적, 학술적 접근 보다는 예기치 못한 선택과 결정이 도출되기도 하는 실제 모습에 주목할 것이다. 소통의 장벽을 낮추고 교류를 가능하게 했던 과거의 이야기부터 사회 다양한 분야에서 진화를 거듭하고 있는 현재의 모습, 예나 지금이나 여전히 전문가들 사이의 격론을 야기하는 주제들을 살펴봄으로써 통역과 번역이라는 활동이 가지고 있는 다양한 스펙트럼을 간접적으로나마 공유해보고자 한다.

제1부 <소통으로서의 통역과 번역>에서는 통역과 번역이 어떻게 시작되었으며 현재의 모습은 어떠한지를 간략하게 되짚어보고, 통역과 번역의 정의, 종류, 의사소통으로서의 통번역, 충실성/가독성을 중심으로 한 전통적인 논쟁에 대해 알아볼 것이다.

제2부 <실제로서의 통역과 번역>에서는 영화 제목 번역, 한국 문학 번역, 자국화와 이국화, 1차 번역본의 회수와 재출간에까지 이른 번역 논쟁, 번역과 파라텍스트의 문제 등을 중심으로 활동으로서 번역이 가지는 특성을 살펴볼 것이다.

개인적으로 국제회의 통역사와 전문 번역사로서 활동을 시작한 지 20여 년이 지났다. 하지만 필자가 경험했던 통역과 번역의 매 순간들이 여유롭고 만족스러웠던 것은 아니다. 기어코 해냈다는 뿌듯함과 보람, 투자한 시간과 노동에 비해 박하지 않은 평가를 받을 때의 기쁨 못지않게 실수에 대한 기억 역시 길게 남았고, 수없는 교정에도 불구하고 기어코 발견되고야 마는 오역에 대한 부끄러움도 컸다. 그래도 위안을 삼았던 것은 그 애씀과 노력이 더 많은 사람들, 낯선 세상들을 서로 이해하게 하고 만나게 하는 데에 조금이나마 보탬이 될 수 있다는 점이었다. 같은 언어를 쓰든 다른 언어를 쓰든 사람들 사이의 소통은 결국 서로에 대한 이해이며 그것을 통해 모두가 조금씩 더 성장하고 발전하는 것 아닐까.

패러다임의 변화와 새로운 세상의 도래에 대해 호언과 예측, 우려와 설렘이 난무하는 21세기, 우리에게 무엇보다 필요한 것은 인간이기에 할 수 있는 깊이 있는 통찰, 그리고 그것을 바탕으로 한 공감적 소통능력이다. 문명과 문화의 만남과 충돌, 그 한 가운데에 서있는 통역과 번역에 대한 고찰을 통해 인간과 인간 사이의 소통 전반에 대한 고민을 나눠볼 수 있는 작은 계기가 마련되길 바래본다.

책의 출간을 위해 애써주신 신아사 한규갑 상무님, 남궁연 선생님, 그리고 원고를 읽고 부족한 부분을 메워주신 권영교 선생님께 지면을 빌어 감사의 말씀을 드린다. 통번역 현장에서, 연구와 토론의 장에서 지치지 않게 서로를 지탱해주는 선배, 동료,

후배님들께, 그리고 늘 곁에서 힘이 되어주는 도현군과 가족들께 평소에 표하지 못한 고마움을 전한다.

2018년 4월

저자 이혜승

원문(source text)과 번역문(target text)은 상황에 따라서 출발어 텍스트와 도착어 텍스트, 혹은 원천 텍스트와 목표 텍스트 등의 용어로 표현하였음을 밝힌다.

목차

제1부 소통으로서의 통역과 번역

제2부 실제로서의 통역과 번역

제1부 소통으로서의 통역과 번역

1. 통역과 번역, 그 이야기의 시작

통역과 번역이 어떻게 시작되었는지를 생각해보기에 앞서 우리는 구약성서 창세기 바벨탑과 관련된 일화를 떠올리게 된다. 신의 권위에 도전하고자 하늘 높이 탑을 쌓았던 인간들에게 신은 그 오만함에 대한 대가로 서로 다른 언어를 가지게 만들었고, 다른 말을 함으로써 서로를 이해할 수 없게 된 인간들은 바벨탑을 완성하지 못하고 결국 세계 여러 곳에 흩어져 살게 되었다는 이야기다.

바벨탑

1) 통역과 번역, 장벽과 소통

21세기 세계는 국가 간 장벽의 의미가 무색할 만큼 다양한 매체와 수단을 통해 소통을 확산시켜가고 있다. 외교 관계나 교역, 협상과 같은 국가나 기관들 사이의 공식적인 교류뿐 아니라 서로 다른 언어를 구사하는 개인들 사이의 접촉도 끊임없이 확대, 심화되고 있다. 모국어로 축적된 정보가 충분하지 않다고 여겨질 때 다른 문화권에서 이미 연구되어 출판된 전문 서적을 통해 부족한 지식의 공백을 메우고자 하는 노력은 인류 문명의 발전과 함께해온 자연스러운 욕구의 발로다.

이와 같은 국제적 교류에서 소통이 원활하게 이루어지기 위해 필요한 것은 소통을 가로막는 장벽을 없애는 일이 될 것이다. 즉, 소통의 당사자가 상대방의 언어를 배우고 익혀서 서로 다른 언어를 구사함으로 인해서 발생할 수 있는 장벽을 원천적으로 해결하는 것이다. 유럽연합(EU)은 28개 회원국, 인구 약 5억 이상을 포괄하는 거대한 정치경제 공동체이다. 2012년 실시된 유로바로미터 통계 조사에 따르면 유럽 연합에 속한 사람들이 적어도 한 개 이상의 외국어를 구사해야만 한다고 생각하는 응답자가 84% 이상에 달했다고 한다. 24개 언어를 공용어로 채택하고 있는 공동체의 일원이니만큼 외국어 학습에 대한 관심과 수요는 그만큼 클 수밖에 없을 것이다. 하지만 이러한 관심과 수요에도 불구하고 실제로 소통을 위해 적극적으로 외국어를 학습하는 사람들의 수는 훨씬 적어서 전체의 23%가 외국어를 학습한 경험이 없고, 44%는 근래 새로운 언어를 학습한 적이 없다고 답했다.

글로벌 소통의 모든 당사자들이 스스로 외국어를 배워서 자신의 의견을 표명하고 상대방을 이해할 정도의 능력을 갖추는 것이 현실적으로 가능하지 않은 상황임은 유럽연합 사람들의 위와 같은 답변을 통해서 여실히 알 수 있다. 그럼에도 불구하고 국가간, 언어, 문화간 소통은 예로부터 꾸준히 이루어져왔고 공시적으로도 그 영역이 넓어지고 있다.

러시아어를 모르는 사람들도 톨스토이의 안나 카레니나가 보여주는 의식의 흐름을 따라갈 수 있고, 영어를 전문적으로 공부하지 않은 사람들도 세익스피어의 리어왕이 주는 전율을 함께 할 수 있다. 그것을 가능하게 하는 것이 바로 통역과 번역이고, 그 역할을 맡고 있는 사람들이 통역사와 번역사이다. 유럽연합 집행위원회는 통번역 전담 부서인 번역 총국과 통역 총국을 두고 있으며, 집행위원회 직원 중 약 15%가 정규직 또는 기간제 계약직으로 근무하는 통번역사이다. 이와는 별도로 유럽 연합의 여러 기관들이 가지고 있는 번역 수요를 충당하기 위해 1994년 룩셈부르크에 유럽연합 번역센터가 설립되었으며 200명 이상의 직원이 상주하고 있다[1].

에도에서 메이지 시대에 이르기까지 일본의 근대화를 주도했던 이토 히로부미 초대 총리가 서양 근대 기술문명의 성과들을 빠른 시간 내에 흡수, 수용하기 위해 선택한 정책도 번역이었다. 일부에서는 근대화를 앞당기기 위해 일본어가 아닌 영어를 공용화하자는 논의도 있었으나, 영어를 공용화 하게 될 경우 영어 구사가 가능한 상류층과 그것이 가능하지 않을 하류층 사이에 소통이 단절될 것을 우려했고, 결국 정부는 번역국을 설치, 서양의 발전된 문물을 모조리 일본어로 번역하게 했다. 이러한 번역을 통해서 일본인들은 외국어 구사력에 상관없이 누구나 서구의 근대적 지식에 접근할 수 있게 되었고, 결과적으로 일본은 한국, 일본, 중국 동아시아 3개국 중 가장 빠른 속도로 근대화를 달성할 수 있었다.

어떤 이유에서든 서로 다른 문화가 만나게 될 때 늘 통역과 번역이라는 행위가 수반된다. 유럽의 여러 나라들이 신대륙 탐험과 정복에 혈안이 되어 있을 때 이들은 으레 원주민들 중에서 정복자의 언어를 구사할 수 있는 사람들을 통역으로 채용해 피정복 문화권에 대한 통치를 용이하게 만들었다[2]. 아랍인들은 7,8세기 이미 서아프리카 지역과 교류를 하고 있었는데, 이슬람교의 전파를 계기로 아프리카에서의 입지가 더 강화될 수 있었다. 이러한 이슬람교의 아프리카 전파에 아랍어 설교를 해당 지방의 언어로 통역한 통역사들의 역할은 매우 컸다고 평가된다[3]. 유대교의 경우 율법서와 경전은 히브리어로 되어 있는 반면 기원전 5,6 세기경 대다수의 유대인들이 사용했던 언어는 아람어였다. 따라서 당시 유대인들이 예배를 보기 위해서는 히브리어를 아람어로 통역하는 사람들이 반드시 필요했다.

16세기 스페인의 정복자 코르테스와 그의 통역을 맡았던 말린체의 이야기를 떠올려 볼 수 있다. 에스파냐의 신대륙 정복 탐험대장으로 1519년 멕시코 땅을 밟았던 코르테스는 약 3년간의 전투 끝에 1521년 멕시코의 아즈텍 문명을 점령했다. 코르테스는 멕시코 내륙 지역의 정복과 식민화를 위해 전투를 벌이며 내륙으로 진격해 들어갔지만, 아무리 유럽군의 총칼과 대포가 막강하다고 해도 아즈텍이라는 거대한 문명을 쓰러뜨리기에는 역부족이었다.

코르테스는 현지 사람들을 회유해서 일부는 동맹으로 삼고 일부는 적으로 간주해서 무자비하게 격파하는 전술을 활용해서 멕시코를 식민화할 수 있었다. 즉, 외교와 무력을 교묘하게 섞어서 활용한 것이다. 이러한 교묘한 전술은 지배자가 식민지 사람들을 설득하는 동시에 교란시킬 수 있어야만 가능한 것이고 그러한 전술을 구사하게 하는 데에 통역을 맡았던 말린체의 역할이 결정적이었다고 알려져 있다. 말린체는 멕시코의 지방 귀족 출신이었지만 어머니에 의해 노예상인에게 팔려나갔고, 이후 멕시코를 점령하러 온 에스파냐인들에게 '선물'로 바쳐졌다. 이후 탐험대장 코르테스의 정부가 되었고, 그의 통역을 맡아 에스파냐의 멕시코 아즈텍 문명 정복에 중요한 역할을 했다.

성서 번역학자 나이다(1997)는 다언어간의 의사소통 가운데 가장 위대한 업적으로 성서의 번역을 들면서 성경 한 권이 전 세계 인구의 최소 97퍼센트에 달하는 인구가 사용하는 2009개의 언어와 방언으로 번역, 출판되었음을 지적했는데[4], 97년 2009개였던 성경 번역 언어의 수는 2013년 9월 적어도 2800개로 늘어났다[5]. 기독교의 전파에 성경의 번역은 가장 핵심적인 역할을 담당했다. 서양이 중국과 처음 교류를 시도했을 때 가장 먼저 했던 일도 중국 고전을 서양어로 번역하는 것이었다. 이미 19세기에 영국인 제임스 레그는 중국 고전을 영어로 번역했고, 이를 토대로 독일 사회학자 막스 베버의 중국 연구가 가능해질 수 있었다[6].

2) 통역과 번역, 과거와 현재

이렇게 통역과 번역이 문명의 발전과 융화, 문화의 소통과 융합에 중추적인 역할을 하고 있음에도 불구하고 아직 우리 사회에서는 그 중요성에 대해 진지하게 인식하지 못하고 있는 듯 하다. 외국어만 어느 정도 구사하면 누구나 통역이나 번역이 가능한 것처럼 생각하면서 외국어 능력을 통역, 번역 능력과 동일시하는 경우가 많다. 외국에 좀 다녀왔으면 으레 통역도 할 수 있다고 생각하고 외국 생활 경험이 있는 직원들에게 전문적 회의의 통역을 맡기기도 한다. 번역을 하는 사람들은 텍스트를 집어넣으면 바로 코드 전환을 통해서 다른 말로 된 텍스트를 생산해낸다고 생각하며 많은 양의 텍스트를 며칠 만에 다 번역해내라는 요구를 하는 경우도 다반사다. 게다가 외국의 문헌들을 한국어로 옮겨서 한국어 화자들이 다른 세계의 삶과 문화, 축적된 방대한 지식에 접근할 수 있는 길을 열어주는 번역의 역할에 대해서 아직도 충분한 공감대가 형성되어 있지 못하다.

문화권에 따라 차이는 있겠지만 역사적으로 거슬러 올라가 보아도 우리나라에서 말과 글을 옮기는 일은 다른 종류의 일에 비해 그 가치를 제대로 존중받지 못했다. 고려시대부터 조선시대에 이르기까지 통역을 담당했던 역관을 예로 들 수 있다. 역어지인(譯語之人)·역어인(譯語人)·역인(譯人)·역학인(譯學人)·역자(譯者)·설인(舌人)·설자(舌者)·상서(象胥) 등 다양한 명칭으로 불렸던 역관은 중국, 왜, 몽골, 여진 등과의 외교에서 통역을 맡아보았던 국가의 관리다. 통역 뿐 아니라 당시 외교 정책이었던 사대교린(事大交隣)을 안정화시키는 데에 중요한 역할을 하는 외교관이었으며, 국가 간의 교역 및 외교 문서 작성에도 관여했다. 그러나 이들은 중인 신분으로서 양반과 선비들이 사는 북촌, 남촌이 아닌 중촌에만 거주하도록 차별을 받았고, 역과에 급제를 해도 일반 문과 급제자들이 받는 합격증서인 홍패가 아닌 백패를 받았다. 뿐만 아니라 나라에 공을 세워도 사역원 정3품 이상의 관직에는 오를 수 없었다[7].

박상익(2006)은 번역은 궁극적으로 정보의 대중화, 민주화를 의미하는 것이고, 우리 사회에서 번역을 경시하는 풍조는 지식인의 반역이라고 평가하며, 일본의 가나보다는 6백년, 로마 글자보다는 무려 2천년 뒤에 등장한 한글이 가지고 있을 수밖에 없는 일정한 한계를 극복하는 데에 번역이 매우 중요한 역할을 한다는 사실을 다음과 같이 지적한다.

> 더욱이 역사적으로 한글이 많은 약점을 안고 있다는 사실도 염두에 두어야 한다. 창제된 후에도 상당히 오랜 기간 천덕꾸러기 취급을

> 받으며 제 기능을 온전히 수행하지 못했고, 20세기 전반기에는 식민지 지배를 겪으면서 활용의 기회를 놓쳤다가, 20세기 후반에 들어서야 비로소 제 역할을 하기 시작했다는 것이다. 그 결과 '번역을 통한 양질의 한글 텍스트 확보'라는 차원에서 볼 때, 우리는 일본과 견주어 짧아도 1백 년 이상이 뒤진다. 상황이 이러함에도 앞길은 불투명하기만 하다. 학계와 언론계 일각에서만 단편적, 지엽적으로 논의가 이루어지고 있을 뿐, 전반적인 흐름으로 보아서는 여전히 번역의 필요성에 대해 공감하지 못하는 분위기이기 때문이다. 이런 의미에서 한글을 언어학적 관점에서만 접근하는 것은 문제가 있다고 생각한다. 영어공용화론이 나온 배경 중에는 영어로 쓰인 막대한 양의 지식, 정보도 큰 몫을 했다. 전 세계 여러 나라에서 다양한 언어로 작성된 양질의 텍스트를 우리 한글로 번역해낼 경우 우리 모국어의 콘텐츠는 얼마나 풍부해질 것인가. 번역이야말로 영어공용화론을 잠재울 수 있는 유일한 대안일 것이다[8].

영어공용화론이 제기되었던 근거는 갈수록 증가하는 국제 교류의 장에서 가장 많이 사용되는 언어인 영어를 공용어로 지정해서 소통에서 우위를 점하고, 더 나아가 영어로 축적되어 있는 다양한 성과들을 흡수함으로써 경쟁력을 높인다는 것이었다. 그러나 실제 업무에서 영어를 필요로 하는 사람이 전체 인구의 20%정도밖에 되지 않고, 안 그래도 필요 이상으로 영어 교육에 대한 의존도, 영어에 대한 종속, 숭배 풍조가 심화되는 상황에서 영어 공용화 지정은 우리 사회의 문화적 정체성에 큰 혼란을 불러일으킬 수 밖에 없다[9]. 접근 가능한 지식의 차이로 인해 발생하는 경쟁력 저하의 문제라면 그것은 오히려 과거 메이지 시대

일본이 선택했던 것과 같이 국가차원에서 번역을 활성화해서 다양한 언어로 생산된 풍부한 인문, 사회, 과학적 지식을 누구나 쉽게 접할 수 있도록 우리 말, 우리 글로 옮겨서 체화, 흡수, 융화시키는 것이 더 현실적이고 바람직한 대안이 될 것이다.

문화와 문명의 발전에 통역과 번역이 어떤 역할을 해왔는지를 다시 과거로 돌아가 살펴볼 필요가 있겠다. 일본은 1868년 메이지 유신을 거쳐 개화기를 맞았고 중국은 아편전쟁 이후 1842년 남경조약을 계기로 개국했다. 우리의 경우 1876년 강화도 조약으로 인해 부산, 인천 등을 개항하면서 나라의 문호를 열게 되었다고 생각하면 시기적으로 두 나라에 비해 많이 늦었다고 볼 수는 없다. 과학사학자 박성래는 당시 우리가 근대화를 성공적으로 달성하지 못한 것은 지리적으로 서양인들의 항로에서 벗어나 있는 관계로 발전된 서구의 과학기술을 받아들일 기회를 가질 수 없었고 그렇다보니 서양어를 할 수 있는 사람도, 서양 사람들과의 소통을 담당할 통역도 없었다는 점을 지적한다.

포르투갈의 선교사와 상인들이 이미 1500년대 초 중국에서 활동을 시작했고 1600년대 말부터 일본에는 네덜란드 사람들이 나가사키를 드나들며 선진 문물을 전했다. 이런 연유로 1726년 조나단 스위프트가 쓴 『걸리버 여행기』 제3부에는 중국과 일본에 대한 이야기가 많이 나오지만 조선에 대한 언급은 한 마디도 없다. 푸치니의 오페라 나비부인은 서양과의 교류가 많았던 일본에서 살았던 미국인 선교사 존 루서 롱(John Luther Long)이 일본을 배경으로 쓴 장편소설을 바탕으로 만들어졌다. 그에 반해 우리나라의 상황은 어떤가. 처음으로 서양 언어를 접해서 배우기 시작한 윤치호가 영어 공부를 시작한 것이 1883년이고, 같은 해 미국 공사 후트(Lucius Foote)의 통역으로 처음 일하게 된 것이 우리가 서양언어와 교류를 맺은 그 시작이다[10].

일본의 근대화에서 번역의 역할이 얼마나 컸는지는 네덜란드에서 전해진 학문이라고 풀이되는 난학(蘭學, 란가쿠)을 통해서도 확인할 수 있다. 난학은 에도 중기 1774년 당시 의사였던 스기타 겐파쿠가 네덜란드어로 쓰인 해부학서를 『해체신서』(解體新書, 카이타 이신쇼)라는 제목으로 번역하면서 본격적으로 일본에 소개되기 시작한 네덜란드의 의학, 화학, 천문학 등 다양한 학문적 성과를 통칭한다. 당시 일본은 개방정책으로 인해 서구의 종교가 일본에 전파되는 것을 우려, 다시 쇄국정책을 펼치고 있었지만 서양 국가들 중 유일하게 선교활동을 하지 않은 네덜란드에게는 문호를 개방했고, 일본의 부유한 상인계층을 중심으로 네덜란드의 학문이 소개되기 시작했다. 당시 일본뿐 아니라 동양의학에서는 신체의 일부가 아닌 전체의 조화를 중시했고 의사라 할지라도 사체에 손을 대는 해부는 터부시 되어있었다. 독일인 의사 쿨머스가 쓴 해부학서를 네덜란드어로 번역한 『타펠 아나토미아』를 접한 스기타 겐파쿠는 실제로 해부를 감행하고 이 책의 정확도에 놀라 번역을 시작했다.

생소한 의학 용어와 네덜란드어에 익숙하지 않아서 하루 10줄씩밖에 번역을 하지 못했던 상황에서 총 3년이 걸려 번역이 완성되었고, 신경(神經), 연골(軟骨), 동맥(動脈) 등 기존 동양의학의 관념에는 없던 인체의 부위와 기관에 새로운 일본식 이름이 부여되었다[11]. 현재까지 한국 의학용어에서 그대로 사용되고 있는 이 단어들은 사실 일본에 의해 번역되어 한국어에 고스란히 자리 잡은 수많은 단어들 중 일부에 불과하다.

의학을 시작으로 서양의 과학 서적을 적극적으로 일본어로 번역, 보급하면서 일본은 외국어를 알지 못해도 발전된 서양 학문이 축적해놓은 성과를 국민 모두가 공유할 수 있도록 만들었고, 이를 계기로 자국의 근대화를 성공적으로 이끌었다. 뿐만 아니라 일본의 번역을 통해 발전된 서양 문물은 한자 문명권을 공유하고 있는 한국과 중국 등에 전파되었고, 결과적으로 서양 문명과 한자 문화권이 연결, 융화되는 데에 결정적인 역할을 담당했다. 고종석은 이 시기 일본이 보여준 번역 열기에 대해 "한문 문명권과 그리스 로마 문명권을 융화시키며 동서 문화교섭사의 가장 빛나는 장면을 연출했다"고 평가하면서 "유럽 문화를 게걸스럽게 흡수하면서도 한자라는 동아시아 문명의 공통 유산 속에 완전히 녹여버렸다"고 표현했다[12].

번역은 인류의 아름답고 유용한 텍스트를 자국어를 쓰지 않는 사람들에게 전해주는 사회적 약속이며, 다양한 언어를 사용하는 인류에게 문화의 교환과 전파에 없어서는 안 될 중요한 활동이라고 표현한 출판칼럼니스트 장동석은 번역이 출판 업계에서 많은 비중을 차지하고 있음에도 불구하고 번역 환경 자체는 아직도 열악하다는 점을 지적한다. 책 한 권을 번역해도 생계비에도 못 미치는 번역료를 받게 되는 한국 출판 환경에서 능력 있는 소수를 제외하면 번역 시장에 오래 남아있는 번역사를 찾기 힘들고 그렇기 때문에 번역의 질은 떨어지는 악순환이 반복된다. 게다가 출판사들은 시간이 걸리는 국내 저자 발굴보다는 해외에서 인지도가 있는 작품을 번역, 출판하는 편이 더 낫다는 판단 하에 앞다투어 외국 출판사들에 선인세를 주고 작품을 사오고, 빠른 시간 내에 번역을 맡겨 시장에 내놓는다. 한국 출판 시장에서 번역서를 빼고 나면 이렇다 할 책이 없을 것이라는 출판계 일부의 소회가 있는 것도 무리가 아니다. 출판 시장에서 번역의 비중은 낮다고 볼 수 없지만 그럼에도 불구하고 번역을 그 본래의 가치를 최대한 살려서 활성화시킬 수 있는 환경이 마련되어 있지 못한 현실, 그것이 현재 우리의 모습이다.

> 번역서가 한국 출판시장에서 차지하는 비중은 작다고 할 수 없다. 대부분의 베스트셀러가 번역서인 것은 감안하면, 결국 번역과 얽히고설킨 문제를 해결하는 것이 산적한 한국 출판계의 현실을 타개하는 하나의 방편이라고 할 수 있다. 누군가의 말처럼 번역이 제대로 된 '번역'의 길을 갈 것인가 아니면 '반역'의 길을 갈 것인가를 바로 지금 결정해야 한다[13].

번역에 대해 일각에서는 다른 종류의 글쓰기보다 수준이 낮고 창조성이 결여되어 있는, 원문을 그저 다른 말로 베껴 쓰는 정도의 활동으로 간주하기도 한다. 미국, 영국, 일본 등의 경우 번역을 학문 연구에 필요한 기본적 토대로 인식한지 이미 오래이며, 고전에 대한 번역을 학위논문으로도 인정한다. 그러나 우리나라에서 번역은 학위 논문은커녕 일반적 연구 업적으로도 제대로 인정받지 못하고 있기 때문에 연구를 업으로 삼는 학자들은 자연스레 번역 보다는 논문이나 다른 글쓰기에 치중할 수밖에 없다. 김용옥은 『동양학 어떻게 할 것인가』에서 하버드대학교의 동양학 관련 박사 학위논문의 절반 이상이 번역에 할애되어 있음을 언급하면서 수백 년 전부터 자신들의 언어로 고전을 번역하고 그것을 토대로 연구를 진행해온 일본이나 서양에 비해 우리는 너무도 많이 뒤쳐져 있음을 지적했다.

다른 나라, 다른 문물에 대한 연구가 그들이 쌓아온 지식과 경험을 토대로 해야 하는 것은 너무도 당연한 일이다. 하지만 그 작업은 연구자 개개인이 논문이나 여타 학술 활동을 위해 단편적으로 쌓아놓은 자료로 그쳐서는 안 된다. 비슷한 연구를 하고자 하는 후대의 지식인들이 모국어로 우리보다 손쉽게, 하지만 더 깊이 있게 읽어낼 수 있도록, 누구든 본인이 가지고 있는 지적 욕구를 굳이 사전 찾아보며 뜻 맞추기를 하는 노력 없이도 충족시킬 수 있도록 우리말 번역으로 남겨두어야 한다. 우리말, 우리글 속으로 다른 문화권의 성과와 축적된 지식을 가지고 들어와 우리 자신을 더욱 풍요롭게 만드는 작업으로서 통역과 번역은 제대로 존중받고 가치를 인정받아야 마땅하다.

2. 통역과 번역은 무엇인가.

통역과 번역은 과연 무엇이며 어떤 역할을 하고 있을까. 우리는 흔히 통역과 번역을 다른 언어 문화권에 속하는 사람들의 말이나 글을 우리의 말이나 글로, 역으로 우리의 말이나 글을 다른 언어 문화권의 말이나 글로 바꾸어주는 활동으로 인식한다. 즉, 서로 상이한 언어 문화권에 속한 사람들 사이의 의사소통을 중개하는 것으로서의 인식이 일반적이라고 할 수 있다. 국립국어원 표준국어대사전에서 통역(通譯)은 “말이 통하지 아니하는 사람 사이에서 뜻이 통하도록 말을 옮겨 줌. 또는 그런 일을 하는 사람”으로 정의된다. 반면 번역(飜譯)은 “어떤 언어로 된 글을 다른 언어의 글로 옮김”을 뜻한다. 이러한 정의를 비교해보면 통역은 말을, 번역은 글을 옮겨주는 행위로 파악할 수 있다.

1) 통역과 번역

통역은 문자의 발명을 선제 조건으로 탄생한 번역보다 훨씬 더 오래된 행위로 매춘과 함께 인류 역사상 가장 오래된 직업으로 알려져 있다. 고대 이집트와 메소포타미아에서는 문자를 기록하는 일을 했던 기록관이 번역도 같이 했다고 한다. 벨기에의 번역사가 앙리 반 후프가 쓴 『서양번역사』에는 이미 기원전 3000년경 이집트 고왕국 시대에 번역이 행해졌다는 기록이 낡은 파피루스에서 발견되기도 했으며, 기원전 9세기경 해상 교통의 요지였던 고대 카르타고에는 번역가 계급 같은 것이 있어서 번역가임을 나타내는 문신을 하고 다녔으며, 일체의 노역을 면제 받았다고 전해진다[14].

고대에는 글로 하는 번역이 아닌 말로 하는 통역이 중심적이었지만 르네상스 시대 문어 중심의 문화가 융성하게 되면서 고대 문헌을 번역하는 활동이 활발하게 이루어졌다. 프랑스의 경우 1539년 인문학자이자 번역사였던 로베르 에스티엔느가 번역하다(traduire)라는 단어를 사용하기 시작했고 에티엔느 돌레가 번역(traduction)과 번역사(traducteur)라는 표현을 사용하기 시작했다[15].

통역사라는 뜻의 영어 단어 interpreter는 라틴어의 interpres(해설자, 모호한 것을 설명해주는 사람)를 어원으로 하는데 이 단어의 뒷부분 즉 pres는 가격이라는 뜻의 단어 pretium에서 비롯된 것으로 interpres는 '중간상인', '중개인'등의 의미를 가지게 되었다고 한다(Pöchhacker, 2004). 한편 번역이라는 뜻을 가진 translation은 '옮기다', '운반하다'라는 의미의 라틴어 trānsferre에서 비롯된 것으로 상이한 말 혹은 글 사이의 옮김을 뜻하게 되었다. translation은 글을 옮기는 번역만을 지칭하기도 하지만 보다 큰 의미에서 통역과 번역을 함께 아우르는 개념으로 사용되기도 한다. 러시아어에서 통역과 번역을 뜻하는 단어는 perevod(перевод)으로 '한 장소에서 다른 곳으로 옮김', '송금', '전환' 등의 뜻을 가지고 있으며, 통역과 번역을 모두 아우르는 개념으로 쓰인다. 통역은 이 단어 앞에 '말로 하는'이라는 형용사를 붙어서 만들어지며, 번역은 마찬가지로 '글로 하는'이라는 형용사를 붙인다. 즉 러시아어로 통역은 '말로 하는 옮김', 번역은 '글로 하는 옮김'으로 표현되며, 통역과 번역은 perevod(перевод)이라는 하나의 단어로 통칭된다.

2) 통역의 정의

이렇게 통역과 번역은 상이한 언어와 문화권 사이의 소통이라는 측면에서 기본적으로 동일한 원리를 가지고 있는 행위이지만 그것을 구분하는 방법은 학자들에 따라 조금씩 차이가 있다. 통역과 번역을 앞서 언급한 것과 같이 구어와 문어, 입말과 글말로 구분하는 정의는 프랑스의 의미통번역학파, 해석이론의 대표학자인 셀레스코비치(Seleskovitch)의 연구에서도 찾아볼 수 있다. 셀레스코비치는 의미(sense)를 하나의 언어에서 다른 언어로 전환하는 행위로 통역과 번역을 크게 정의하면서 통역은 구어 텍스트를 또 다른 구어 텍스트로, 번역은 문어 텍스트를 또 다른 문어 텍스트로 전환하는 것으로 규정한다.

번역은 문어 텍스트를 또 다른 문어 텍스트로 변환하는 반면, 통역은 구어 메시지를 또 다른 구어 메시지로 변환한다.

> Translation converts a written text into another written text, while interpretation converts an oral message into another oral message.
>
> (Seleskovitch 1978: 2)

통역과 번역을 의미 전환이라는 측면에서 통일적 행위로 살펴보면서 두 행위를 구어와 문어라는 전달 수단으로 구분한 것이다. 셀레스코비치는 번역은 통역에 비해 재표현되는 아이디어 즉, 의미가 문어 텍스트라는 항구적 형태에 담겨 있고 그렇기 때문에 번역 텍스트는 정적이고 변형이 불가하며, 시간적으로 고정되어 있다고 설명한다. 질(Gile, 1998) 역시 통역을 "구어 담화를 구어로 번역하는 것"으로 정의하면서(강지혜, 2004에서 인용) 구어라는 특성을 통역이라는 활동을 규정하는 기본적인 속성이자 자질로 보았다. 그렇다면 구어와 문어, 말과 글은 근본적으로 어떤 차이가 있을까. 말과 글은 커뮤니케이션 측면에서 다음의 7가지로 비교될 수 있다[16].

○ 발신자와 수신자가 같은 공간에 있는지 여부

말은 대중매체, 전화 등과 같은 일방적 커뮤니케이션을 제외하고 청자와 화자가 같은 공간에 있지만 글은 독자와 저자가 다른 공간에 있는 경우가 많다.

○ 순간성과 반복성

글은 이해가 안 되면 반복해서 여러 번 읽을 수 있지만, 말은 내뱉는 순간 사라져버린다.

○ 호칭

글은 주로 공식적이며 간접적인 호칭을 사용하지만 말은 개인적이고 직접적인 호칭을 쓴다. 말이 글보다 친근하며 커뮤니케이션 효과가 높다.

○ 묘사성

말은 몸짓, 표정, 어조 등 언어 외적 요소를 사용하여 청자의 이해를 도울 수 있다.

○ 문장 길이와 표현

말은 문장이 짧고 구성이 단순하고 쉬운 경향이 있다. 말한 것을 그대로 글로 옮기면 부자연스럽거나 불완전한 문장이 되는 경우가 많다.

○ 어미의 처리

말의 어미는 감탄사, 지시어, 질문 등 다양하게 나타날 수 있으나 문어의 경우 주로 '-했다', '-이다' 등으로 끝난다.

○ 반응

말에 대한 청자의 반응은 즉각적으로 알 수 있지만 글에 대한 반응은 알 수 없거나 아는 데 시간이 걸린다.

말과 글이 가지고 있는 이와 같은 차이점은 통역과 번역이 가지고 있는 차이점과도 연관이 된다. 통역은 발화자와 그것을 듣는 청중이 같은 시간과 공간에 위치하고 있기 때문에 청중의 반응을 즉각 감지할 수 있지만, 번역은 원문의 저자와 번역문을 읽는 독자가 서로 다른 시간과 공간에 놓여 있기 때문에 번역에 대한 독자의 반응은 통역에서와 같이 즉각적이지는 않다. 통역은 일단 발화가 되면 되돌릴 수 없으며 일회적이지만, 번역은 출판 전에는 수정이나 변경할 수 있는 가능성이 있다. 통역에서는 몸짓이나 어조 등 언어외적인 수단도 연사의 의사를 전달하는 데에 활용될 수 있지만, 번역을 할 경우 글 이외의 다른 수단을 이용하기는 어렵다. 통역의 경우 상황에 따라서 짧고 간단하게 표현할 수 있는 가능성이 있지만, 번역은 정제되고 다듬어진 텍스트를 생산해야 한다.

통역과 번역을 어떻게 정의하느냐의 문제는 통역과 번역 관련 연구의 대상이나 방법을 결정하는 데에 영향을 미치며, 통역과 번역이라는 활동이 포괄할 수 있는 행위의 범위를 결정해주기 때문에 중요하다. 통역과 번역을 위의 전통적인 정의처럼 구어와 문어, 입말과 글말이라는 전달 수단을 중심으로 규정하면 비전형적 유형의 통역들, 예를 들면 동시통역과 순차통역의 가교 역할을 하며 글을 눈으로 읽으면서 즉시에 말로 옮겨주는 시역(sight translation, 문장구역이라고도 불린다)이나 청각장애인과 건청인 사이의 소통을 도와주는 수화통역 등은 통역의 범주에 포함될 수 없게 된다. 이러한 한계를 극복하기 위해 통역과 번역을 하나의 행위로 보면서 그 두 행위를 일회성, 즉시성이라는 범주를 중심으로 구분하는 견해가 대두되었다.

카데(Kade, 1968)는 기존의 통역과 번역의 상위 개념으로서 통번역(대문자로 시작되는 Translation)이라는 큰 범주를 설정하고, 통역은 번역과는 달리 일회성, 시간의 제약, 교정의 어려움을 갖는다고 설명했다. 대문자로 시작되는 Translation은 통번역 또는 넓은 의미의 번역으로 옮길 수 있다.

> 출발어 텍스트는 단 한 번만 제시되며, 따라서 다시 보거나 재생될 수 없다.
> 도착어 텍스트는 시간적 제약 하에 생산되며 수정, 교정을 거의 할 수 없다.
> The source language text is presented only once and thus cannot be reviewed or replayed.
> The target language text is produced under time pressure, with little chance for correction and revision.
>
> (Kade, 1968, Pöchhacker, 2004:10에서 인용)

즉, 카데는 통역과 번역을 통번역(Translation), 광의의 번역이라는 하나의 범주에 포함시키되 통역을 번역에 비해 일회적이고 시간적 제약을 가지며, 수정이 어려운 행위로 규정한 것이다. 실제 통역 현장의 상황을 연상해보면 쉽게 이해할 수 있다. 통역 상황에 놓인 연사는 본인의 발화 즉, 출발어 텍스트를 굳이 반복하지 않으며, 해당 텍스트가 곧바로 통역사에 의해 전환될 것을 기대한다, 이러한 기대는 연사뿐 아니라 현장에 있는 여타 회의 참석자들이나 주최측, 통역사 본인 모두 익히 가지고 있으며, 한번 전환된 통역사의 발화 즉, 도착어 텍스트는 극히 예외적인 경우를 제외하고는 수정하거나 고치기 어렵다.

번역 상황과 비교해보면 이해가 더 용이하다. 번역 과정에서 번역사는 출발어 텍스트를 여러 번 읽고 분석할 수 있는 시간을 가질 수 있다. 본인이 선택한 번역에 한 번에 만족할 수도 있지만 그렇지 않은 경우 수정을 할 수 있으며, 원칙적으로 탈고 전까지 출발어 텍스트에 대한 분석, 재검토 작업이나 도착어 텍스트에 대한 교정 작업은 지속될 수 있다. 하지만 텍스트가 완성되어 출판된 이후에는 새로운 인쇄에 들어가기 전까지 번역 역시 추가적인 수정은 불가능하다. 셀레스코비치가 번역 텍스트에 대해 정적이고 변형이 불가하다고 규정한 것도 이와 같이 과정이 아닌 결과물로서 번역에 주목했기 때문이다.

한편 통역을 규정하는 데에 있어서 일회성, 수정불가의 특성 등을 강조한 카데의 견해를 수용한 대표적 통역학자 푀히하커(Pöchhacker) 역시 통역이 번역과 차별되는 가장 대표적인 요소로서 즉시성(immediacy)을 들고 있다.

> 통역이란 단 한 번 제시된 출발어 발화를 다른 언어로 처음이자 마지막으로 옮겨주는 번역의 한 형태이다.
> Interpreting is a form of Translation in which a first and final rendition in another language is produced on the basis of a one-time presentation of an utterance in a source language.
>
> (Pöchhacker, 앞의 책: 11)

위 정의에서 통역은 광의의 번역 행위 중 하나로 한 번만 제시된 발화를 다른 언어로 즉각적으로 옮겨주는 행위로 규정되는데 여기에서 중심이 되는 것은 출발어 발화의 일회성과 도착어 발화의 즉시성이다. 통역을 구어 즉, 입말을 기준으로 정의하든 일회성, 즉시성을 기준으로 정의하든 공통적인 점은 통역은 광의의 번역(Translation)이라는 큰 범주에 속하는 행위로 규정된다는 것이다. 통역이라는 개념의 기저에는 번역을 어떻게 정의할 것인가의 문제가 깔려 있다고 볼 수 있다.

3) 번역의 정의

번역이라는 용어는 번역을 하는 과정을 지칭할 수도 있고 번역이라는 행위의 결과물을 의미할 수도 있다. 앞서 일회성, 즉각성을 중심으로 통역을 규정했던 카데는 통역과 번역을 과정적 측면에서 고찰했고, 번역의 특성을 정적이고 변형 불가하다고 본 셀레스코비치는 번역이라는 행위가 생산해낸 결과물에 주목한 것이다.

통역을 광의의 번역의 한 행위로 본다면 큰 의미의 번역을 가장 위에 놓고 그 아래에 통역과 협의의 번역을 구분할 수 있다는 말이 된다. 그렇다면 우리가 일반적으로 번역이라고 부르는 것은 과연 무엇일까.

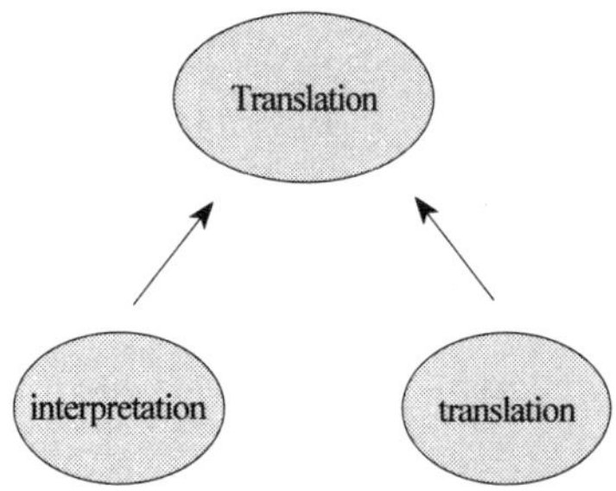

일상적으로 우리는 한 언어에서 다른 언어로 옮겨주는 언어간 번역(interlingual translation)을 중심으로 번역에 접근하지만 1959년 언어학자 로만 야콥슨은『번역의 언어적 측면에 관하여』라는 논문에서 번역을 언어내 번역(intralingual translation), 언어간 번역(interlingual translation), 기호간 번역(intersemiotic translation) 세 가지로 정의한다.

언어내 번역이란 하나의 언어 내에서 언어적 기호를 다른 언어적 기호로 바꾸어주는 것으로 원래의 어구를 다른 어구로 바꿔 쓰는 것(rewording)을 말한다. 야콥슨의 두 번째 번역이 우리가 일반적으로 생각하는 번역으로 하나의 언어적 기호를 다른 언어로 바꾸어주는 것 즉, 전형적 번역(translation proper)을 뜻한다. 세 번째 기호간 번역은 언어적 기호를 비언어적 기호로 변환(transmutation)시켜주는 것으로 음성 언어를 듣고 그것을 수화라는 시각적 기호로 바꾸어주거나 글로 표현된 광고를 그림이나 사진 등 다른 기호체계를 이용해서 옮겨주는 것 등이 포함된다. 야콥슨의 이러한 정의 특히, 일반적인 번역으로 이해되는 두 번째 언어간 번역에서 중요한 점은 번역을 하나의 코드 단위를 다른 코드 단위로 바꾸어주는 것 즉, 개별적인 코드 변환의 단순한 과정으로 본 것이 아니라 하나의 언어로 표시된 전체 메시지를 다른 언어로 바꾸어주는 과정으로 이해했다는 점이다.

번역은 또한 원문과의 관계 측면에서 상이한 정의가 가능하다. 번역은 일상적인 글쓰기와는 달리 기본적으로 원문(source text)이 있기 때문에 가능한 행위이다[17]. 원문을 같은 언어로 달리 써주든, 다른 언어로 바꾸어주든 혹은 다른 기호체계로 변환을 시키든 기본적으로 번역은 원문의 존재를 전제로 한다. 그런데 이 원문과 원문을 토대로 생성된 번역문 사이의 관계를 어떻게 규정하는가에 따라서 번역에 대한 접근 방법이 달라질 수 있고 그에 따라 번역의 정의, 번역을 평가하는 기준 역시 상이해진다.

1960년대 혹은 그 이전 번역은 원문과 번역문 사이의 등가성(equivalence)을 중심으로 규정되었다. 원문과 번역문이 등가(等價) 즉, 동등한 가치를 가지도록 만들어야 한다는 것이다. 번역에서의 등가성은 원문과 번역문 사이의 관계를 의미하는데, 해당 번역문이 원문에 대한 번역이라고 규정될 수 있는 정도의 관계라고 폭넓게 정의할 수 있다[18]. 번역이 등가성을 규정하며, 등가성이 다시 번역을 규정한다는 주장이 있는가 하면, 더 이상 등가성 개념이 번역에 있어서 필수적인 요소가 될 수 없으며 단지 논의상의 편의를 위해서 유지되고 있을 뿐이라는 견해[19]에 이르기까지 등가성과 관련된 논의는 지금까지도 많은 논쟁을 야기하고 있다. 등가성이라는 개념을 인정한다 해도 그것이 원문의 형식적인 측면을 중심으로 할 것인지, 원문 저자가 의도한 의미를 중심으로 할 것인지, 아니면 더 나아가 원문이 원문 독자들에게 의도했던 기능과 효과가 번역문을 통해 번역문 독자들에게 전달되었는지의 여부를 중심으로 할 것인지 다양한 이견이 존재한다[20]. 다음의 정의를 보자.

> (번역은) 하나의 언어로 된 텍스트 자료를 다른 언어로 된 등가의 텍스트 자료로 대체하는 것이다.
> (Translation is) the replacement of textual material in one language by equivalent textual material in another language.
>
> (Nida & Taber, 1969:12)

위 정의를 보면 마치 동등한 가치를 가지고 있는 텍스트 자료가 각 언어별로 존재하고 있어서 번역을 할 때에는 등가의 텍스트들을 서로 바꾸어주면 되는 것처럼 여겨진다. 번역하는 사람이나 번역을 하게 되는 환경, 그것이 미치는 영향이나 효과 등과는 관계없이 궁극적으로 동등한 가치를 가지는 텍스트가 과연 존재할 수 있을까? 같은 원문이라 할지라도 그것을 번역하는 사람의 성향이나 생각, 번역을 발주한 주변 환경, 그리고 생산된 번역이 해당 문화 내에서 가질 수 있는 영향력 등에 따라 번역은 다르게 나타날 수 있다. 언어가 그것을 사용하는 사람들이 살아가는 사회나 문화와 밀접한 관련을 가지고 있는 것처럼 번역 역시 그것을 둘러싼 환경과 무관하지 않으며, 이 때문에 번역은 수많은 변수들이 다방면으로 작용해서 만들어지는 다양한 대안들 중 하나가 된다.

> 번역은 원문의 메시지와 가장 가깝고 자연스러운 등가를 수신자의 언어로 재생산하는 것이며, 첫 번째는 의미에서, 두 번째로는 문체에서 그러해야 한다.
>
> Translating consists in reproducing in the receptor language the closest natural equivalent of the source language message, first in terms of meaning and secondly in terms of style.
>
> (Schäffner, 1997:120)

위의 정의에서는 등가의 메시지라는 표현이 등장한다. 번역은 원문의 메시지와 가장 가깝고 자연스러운 등가를 재생산하는 것인데 그 과정에서 의미와 문체가 중요한 범주로 다루어진다. 첫 번째 번역에 대한 정의가 등가의 텍스트 대체에 주목했다면 위 정의는 텍스트 보다는 전달되는 내용 즉, 메시지의 등가에 중점을 두었고 '가장 가깝고 자연스러운'이라는 수식 어구를 붙이고 거기에 '의미와 문체 면에서'라는 표현을 덧붙임으로써 단어 대 단어, 텍스트 대 텍스트의 고정적 등가가 아닌 유동적 등가에 주목했다. 이러한 번역에 대한 정의는 원문의 메시지가 번역문으로도 잘 전달이 되어서 번역문을 읽고 난 독자들이 보이는 반응이 원문 독자들이 원문을 읽고 나서 보이는 반응과 같아야 한다는 역동적 등가(dynamic equivalence) 개념으로 이어진다.

성서 번역자이자 번역학자인 나이다(Nida, 1964)는 그 예로 에스키모인들에게 '신의 어린 양(lamb of God)'을 어떻게 번역해야 하는지에 대해 설명한다. 성서에 나오는 위 표현에서 양은 희생이라는 맥락 하에서 순수라는 의미를 상징하는데, 양이라는 동물을 알지 못하는 에스키모인들에게 '신의 어린 양'을 그대로 옮겼을 경우 어떠한 의미도 전달되지 않는다. 나이다가 역동적 등가를 달성하기 위해 제시한 대안은 '신의 바다표범(seal of God)'이다. 에스키모인들이 양이라는 동물을 모르니 에스키모인들의 사회, 문화 내에서 그와 유사한 함의를 가질 수 있는 바다표범(seal)을 이용해서 '신의 바다표범'이라고 바꾸어주어야 한다는 것이다.

번역에 대한 접근 방법에서 이와 같이 원문에 대한 등가성의 관점을 중시하는 견해가 있는가 하면, 커뮤니케이션의 관점에서 상이한 두 문화권 사이를 연결해주는 소통의 행위로 번역을 바라보기도 한다.

> 번역은 우선 커뮤니케이션이다. 정확하게 말하면 언어간, 문화간 혹은 문화 교차적 커뮤니케이션이다.
>
> Translation is first of all communication, to be precise, interlingual and intercultural, or cross-cultural communication.
>
> (Schäffner, 1997:119)

번역문의 독자들은 원문 독자들과는 다른 언어 문화권에 속하기 때문에 기본적으로 구성원들이 가지고 있는 배경지식(background knowledge) 자체가 다를 수밖에 없고, 이로 인해 번역문은 원문 독자들은 공유하고 있지만 번역문 독자들은 알지 못하는 지식을 어떤 방식으로든 메꾸어주어야 한다. 동양어권에서는 상

서로운 동물로 여겨지는 용(dragon)이 서양 문화권에서는 악의 상징으로 여겨지기 때문에 동양문화권 텍스트 내에서 등장하는 용이라는 대상을 서양어로 그대로 옮겨주어서는 그 함의를 전달할 수 없다. 이 경우 번역문에서는 용을 다른 대상으로 바꾸어주기도 하고 그에 대해 부가적 설명을 덧붙이기도 한다. 다음의 예를 보자.

충무로는 냉면이 유명하지.
김 감독이 충무로를 떠났대.

위 두 문장에는 충무로라는 단어가 공통으로 등장한다. 하지만 두 문장에서 공히 등장한 충무로가 의미하는 바는 일치하지 않는다. 첫 번째 충무로는 지명으로서의 충무로 즉, 충무로라는 장소를 나타내지만 두 번째 충무로는 영화계, 영화 산업을 지칭하는 의미로까지 확장된 비유적 표현으로서의 충무로다[21]. 한국어 화자라면 두 문장에서 충무로가 의미하는 바가 서로 다르다는 것을 어렵지 않게 알아낼 수 있다. 공유된 지식 즉, 과거에 영화극장이 집중되어 있던 충무로가 이제는 장소로서의 의미만 가지는 것이 아니라 영화계를 통칭하는 의미로도 사용된다는 사회문화적 배경지식을 가지고 있기 때문이다. 두 문장에서 같은 단어가 다른 의미를 가지는 현상을 외국어 화자에게 설명하려면 그들이 공유하지 못하고 있는 위와 같은 지식을 설명해주어야 한다.

번역에서도 마찬가지다. 위 문장을 문자 그대로 번역해서는 상이한 언어 문화권에 속한 독자들의 이해를 도모할 수 없다.

따라서 부가 설명을 덧붙여주거나 유사한 함의를 가지는 다른 표현으로 바꾼다든지, 아예 충무로라는 단어를 빼고 영화를 그만두었다, 혹은 영화계를 떠났다는 식의 일반적 표현으로 대체하게 된다. 번역을 단순히 언어간 소통이 아니라 문화간 소통이라고 규정하는 이유를 이러한 예를 통해 확인할 수 있다. 그래서 일부의 학자들은 번역을 하기 위해서는 두 언어 구사(bilingual)만으로는 부족하며 두 문화에 통달(bicultural)해야 한다고 주장하기도 한다.[22]

> 번역은 번역문 문화권 내에서 어떤 근거에 의해서든 번역이라고 제시되거나 간주될 수 있는 모든 번역문을 뜻한다.
> A translation is taken to be any target-language utterance which is presented or regareded as such within the target culture, on whatever grounds.
>
> (Toury, 1985:20)

한편 번역은 원문과의 관계보다는 번역문 문화권 내에 속한 하나의 현상으로서 규정되기도 한다. 위 정의에 따르면 번역은 특정 문화권 내에서 번역이라고 수용되고 인정되는 모든 것을 뜻한다. 원문은 원문이 만들어지는 사회 내에서 해당 시기와 장소에 맞는 특정한 역할을 수행하게 되고, 특정 독자들을 대상으로 만들어진다. 하지만 그것이 다른 언어로 옮겨질 경우 번역을 통해 생산되는 번역문은 원문과는 다른 시대와 장소에서 만들어짐은 물론이요, 그것이 수행하는 역할도 달라질 수 있다.

1899년 완성되어 러시아 독자들을 만난 톨스토이의 『부활』은 19세기 말, 20세기 초 러시아 독자들을 대상으로 쓰였다. 『부활』에는 19세기 중후반 러시아 사회 문화의 모습이 녹아있으며 등장인물들은 인간 내면의 고통과 번민, 갈등을 섬세하게 그려내며 그 극복과정에서 깨닫는 진정한 사랑과 삶, 믿음의 의미를 부활로 승화시킨다. 19세기 말, 20세기 초 러시아 독자들을 대상으로 러시아에서 만들어진 『부활』은 한국어로 번역되면서 해당 시기 한국 독자들을 대상으로 다시 쓰인다. 한국어 번역은 러시아어로 쓰인 원문이 러시아에서 했던, 러시아 독자들에게 주었던 것과 동일한 역할과 감흥을 불러일으킬 것을 요구받을 수도 있다. 원문과의 등가성, 원문과의 관계라는 측면에서 보면 이러한 요구가 타당하다.

하지만, 한국어로 번역된 『부활』은 원문과는 전혀 다른 『부활』로 기능하게 될 수도 있다. 대상 독자층이 달라지는 경우 즉, 아이들을 대상으로 다시 쓰일 경우, 내용과 길이가 과감하게 축소된 동화 『부활』, 혹은 청소년 소설 『부활』로 재구성될 수 있다. 또, 다른 문화권과의 접촉과 교류가 없어서 외국의 문화가 독자들에게 그대로 받아들여지기 어려운 경우, 등장인물의 이름, 지명, 환경 등이 과감히 단순화된, 내용을 위주로 재편된 『부활』 번역이 만들어질 수도 있다.

실제로 1918년 한국에서는 『부활』의 한국어 번역이 『해당화』라는 이름으로 출간되었다. 전체 분량, 등장인물의 이름과 수가 대폭 축소되고 서사구조가 시대순으로 단순화되어 원문에 대한 충실성의 기준에서 보면 매우 부족한 번역이었다. 하지만 서양의 문물을 하루빨리 받아들여 근대화를 이루고자 했던 당시 사회의 열망, 근대 소설이라는 장르가 아직 무르익지 못한 문학적 환경 등 시대적 한계 속에서 『해당화』는 『부활』의 번역으로서 소비되고 수용되었다. 원작은 당시 러시아 사회에서 사회소설, 연애소설, 역사소설 그 어떤 것 하나만으로는 규명되지 않는, 세상을 바라보는 커다란 창, "거대한 세계경[23]"이었다. 반면 1900년대 초 한국 사회에서 『해당화』는 두 주인공의 사랑이야기를 다룬 연애소설로서 기능했다. 원문의 기능이 번역문에서는 달라졌지만, 당시 사회에서 톨스토이의 작품으로 수용된 『해당화』는 곧 『부활』 번역이었고 『부활』이었던 셈이다.

원문과의 등가성에 기초해서 바람직한 번역이란 어떠해야 한다는 처방을 내렸던 처방적(prescriptive) 접근, 다시 말하면 원문과의 밀접한 관계를 중심으로 번역을 바라본 것이 먼저 언급된 캣포드와 나이다의 정의일 것이다. 반면 뒤에 이어진 샤프너와 투리의 정의는 번역에 있어서 등가성이나 원문과의 관계보다는 번역문을 번역 자체로 바라보고 그것이 번역문 문화와 맺는 관계에 더 주목하고자 한 기술적(descriptive) 접근에 가깝다. 기술적 접근은 70년대 이후 번역학 연구의 커다란 흐름에서 우위를 차지하고 있는데, 이러한 연구 경향은 번역을 문화와 정치 행위로 바라보고 권력, 이데올로기, 제도 등의 영향력 하에서 이루어지는 명백한 다시쓰기(rewriting)로 명명한 90년대 문화적 전환(cultural turn)과도 맥을 같이 한다고 하겠다.

3. 통역의 종류

이질적인 두 문화가 만날 때, 서로 다른 언어나 문화 공동체에 속한 사람들이 어떤 목적으로든 접촉을 해야 할 때 통역은 늘 필요했다. 같은 문화권 안에서도 여러 언어가 사용되는 환경이라면 통역이 필요하다. 서로 다른 언어 문화권에 속한 사람들이 접촉을 해야만 했던 이유가 무엇일까를 생각해보면 통역이라는 행위가 시작되어온 이래 다양한 유형으로 분화되어온 양상을 관찰할 수 있다.

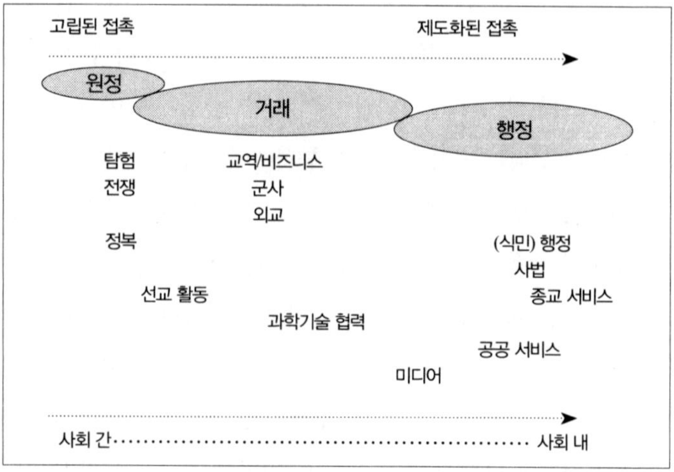

(Pöchhacker, 앞의 책: 15)

퇴히하커(2004)는 다양한 사회적 상호작용 속에서 통역이 차지해온 역할을 위와 같이 표현했다. 다른 부족이 사는 곳으로 탐험이나 원정을 떠나 해당 부족을 정복하고 영토를 확장하는 과정에서 지배 부족과 피지배 부족간의 소통을 위해 통역이 필요했다. 보다 나은 경제생활을 위해 물품을 교환하거나 교역을 하기 위해 다른 부족과 접촉을 해야 할 때 통역은 두 사회를 연결하는 연결자로서 일종의 비즈니스를 성립시키는 역할을 했다. 서로 다른 공동체 구성원들이 모여서 공동의 이해관계를 위해 정치적 관계를 맺거나, 반대로 이해관계의 대립으로 인해 무력 충돌이 발생할 때 통역은 외교, 군사적 영역에서 협상가가 되었다. 사회가 발전하면서 여러 언어를 사용하는 사람들이 하나의 공동체 내에서 생활하는 환경이 조성되고 구성원들이 법적 제도적 장치, 공공 서비스를 이용하는 데에 불편함이 없게 하기 위해 통역은 지역사회의 소통을 책임지게 되었다. 본 장에서는 통역의 종류를 통역 방식, 통역 상황에 따라 분류해보고자 한다.

1) 통역 방식에 따른 분류

방식에 따라 통역은 크게 동시통역과 순차통역으로 구분된다. 동시통역은 연사의 발화를 들으며 동시에 옮겨주는 것이고 순차통역은 연사의 발화가 끝난 이후에 옮겨주는 것이다. 동시성을 기준으로 했을 때 위스퍼링, 생동시통역, 릴레이통역, 시역,

수화통역 등이 동시통역의 유형에 포함될 수 있지만 본 장에서는 각각의 유형들을 개별적으로 살펴보고자 한다.

- **동시통역**(simultaneous interpretation)

동시통역은 연사의 발화와 동시에 이루어지는 통역을 말한다. 부스(booth)라고 불리는 통역실 안에서 통역사가 헤드셋을 통해 연사의 발화를 들으며 통역을 하고, 그 내용은 리시버를 통해 청중에게 전달된다.[24] 여러 언어를 사용하는 연사들이 참여하는 국제회의나 두 개의 언어만 사용된다 할지라도 시간을 단축할 필요가 있는 행사에서 활용되는데, 일반적으로 회의장에서 이루어지는 연사의 발화를 방음 부스 안에 위치한 통역사들에게 헤드셋을 통해 전달하고, 통역사들의 발화를 마이크를 통해 회의장 내 참석자들이 가지고 있는 리시버로 전달해주는 장비가 필요하다.

동시통역이 광범위하게 사용되기 시작한 것은 2차 대전 이후이다. 2차 대전 종전 이후 1945~46년 독일 뉘른베르크에서 열린 전범재판에서는 영어, 독일어, 러시아어, 프랑스어의 네 개 언어가 사용되었는데 재판을 동시통역을 통해 진행함으로써 소요되는 시간을 크게 단축할 수 있었다.

종전 이후 개최된 유엔 총회가 동시통역으로 진행되었고, 그것이 미국 전역에 라디오로 생방송되면서 일반에 동시통역이 널리 알려지게 되었다. 동시통역은 그 이후 유엔을 비롯, 유네스코, 세계보건기구 등 국제기구에서 폭넓게 사용되기 시작하였는데, 우리나라에서는 1991년 발발한 걸프전에 대한 CNN 보도를 국내 방송사들이 동시통역을 이용해 생방송하면서 일반 대중들 사이 인지도를 높였다.

연사의 발화를 귀로 들으면서 동시에 본인이 이해한 바를 다른 언어로 발화해야 하기 때문에 동시통역을 맡은 통역사들의 업무 강도는 매우 높다. 따라서, 동시통역 시에는 통역사가 2인 1조, 일부의 경우에는 3인 1조로 투입되며 통역 시간도 1인당 20-30분을 넘지 않는다. 본인이 맡은 통역 순서가 끝나 파트너에게 마이크를 넘긴 이후라도 통역사는 회의 내용을 숙지해서 이후 본인이 맡을 통역의 연결을 매끄럽게 하고 동료 통역사를 보조하기 위해 연사의 발화를 계속 모니터링하게 된다.

동시에 통역이 진행된다고는 하지만 실제로 통역사가 연사의 발화를 듣고 분석하고 상응하는 다른 언어로 재표현을 하기 위해서는 통역할 단위별로 끊어주게 되는데, 이러한 분절 과정에서 필연적으로 연사의 발화와 통역사의 발화 사이에 시차가 발생한다. 즉, 연사의 발화가 시작되고 나서 청중들에게 통역사의 동시통역이 들리기까지는 시간이 소요된다. 연사가 Ladies and gentlemen이라고 연설을 시작했을 때 Ladies 이후에 통역을 시작해야 하는지, Ladies and gentlemen 이라는 표현을 다 들은 이후에 통역을 해야 하는지에 대해 정해진 규칙은 없다. 다만, 연사의 발화가 시작되고 나면 끊김 없이 지속적으로 통역이 이어져야 하고, 통역사는 본인이 듣고 분석하고 다시 표현하는 데에 필요한 통역 단위를 분절해서 발화하게 되는데, 대략적으로 연사의 발화와 통역사의 발화 사이의 차이 즉, 발화시차는 2~4초 정도이다.

- **순차통역** (consecutive interpretation)

순차통역은 연사의 발화가 끝난 이후 순차적으로 이어지는 통역을 말한다. 연사의 발화가 문장 단위로 짧게 끊어지는 경우 통역사도 그에 맞추어 통역을 짧게 분절하게 되는데, 이러한 순차통역을 짧은 순차라고 한다. 짧은 순차의 경우 단기 기억에 저장해두어야 하는 정보의 양이 많지 않기 때문에 보조적인 수단 없이도 통역이 가능하다. 한편 전통적 순차는 연사의 발화 시간이 3~4분에서 길게는 10분이 넘게 이어지는 일반적인 순차통역을 말하며, 길게 이어지는 연사의 발화를 단기 기억에 모두 저장하기 어렵기 때문에 기억을 보조하기 위해서 노트테이킹을 사용한다.

노트테이킹은 길게 이어지는 순차통역시 단기 기억을 보조하기 위해서 활용하는 수단으로 연사가 말한 단어 하나하나를 일일이 받아 적는 것이 아니라 고유명사, 수치, 시제 등 중요한 정보를 포함해서 연사가 발화한 내용, 그 의미를 중심으로 기록을 남기는 것이다. 노트테이킹을 할 때에는 연사 발화의 청취와 그것을 노트하는 행위가 동시에 이루어지고, 통역을 할 때에는 노트를 읽는 행위와 통역 내용의 발화가 동시에 이루어진다. 따라서, 듣고 쓰는 행위, 읽고 말하는 행위에 필요한 시간을 절약하면서 동시에 기억의 효율성을 높이기 위해 빈도수가 높은 단어들을 중심으로 기호를 활용하기도 한다. 단, 노트테이킹에 활용되는 기호들은 단순해야 하며, 해당 기호가 무엇을 의미하는지를 직접적으로 연상 가능하도록 기호와 의미가 즉각적 연관성을 가지고 있어야 한다. 노트테이킹은 가로보다는 세로로 연결되도록 해야 내용을 일목요연하게 정리하는 데에 용이하다.

듣고 분석하고 발화하는 과정이 동시에 일어나는 동시통역에 비해 순차통역에서 통역사는 연사의 발화를 논리적으로 분석하거나 적절한 표현을 선택하는 데에 필요한 시간을 더 가질 수 있다. 시간적 제약이 덜하기 때문에 연사의 발화를 더 정확하게 전달할 수 있으며, 부스라는 공간으로 연사와 분리되지 않고 한 공간에 위치하고 있기 때문에 필요한 경우 연사에게 발언 내용에 대한 확인을 요청할 수도 있다. 다만, 연사의 발화 이후에 통역사의 발화가 이어지기 때문에 회의 시간이 동시통역에 비해 두 배정도 소요되고, 이로 인해 다자간 회의보다는 양자 회의에서, 그리고 정상회담, 실무협상 등 보안과 정확성이 요구되는 회의에서 주로 활용된다.

노트테이킹 기호

	올해 (해, 년을 뜻하는 year의 Y 자를 이용)
	내년
	작년
	이번 주 (주를 뜻하는 week의 W 자를 이용)
	다음 주
	지난 주
	이번 달 (달을 뜻하는 month의 M 자를 이용)
	다음 달
	지난 달
	국가, 나라 (나라 국(國)자의 □를 이용)
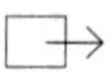	수출 (국가 □에서 나가는 화살표)
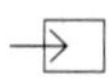	수입 (국가 □로 들어오는 화살표)
	선진국 (국가 □위쪽으로 올라가는 화살표)
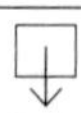	후진국 (국가 □아래쪽으로 내려가는 화살표)
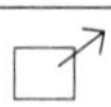	개발도상국 (국가 □에서 사선으로 올라가는 화살표)
	국회 (국가 □안에 사람(人)이 들어있는 곳)
	정부 (국가 □안에 일(○)이 들어있는 곳)
”	말하다 (따옴표 기호)
	강조하다 (따옴표 밖에 동그라미로 강조)
	좋아하다, 반기다 (입으로 웃는 표시)

	싫어하다, 불만족하다 (입으로 찡그리는 표시)
	미래시제 (굽어진 화살표를 위로)
	과거시제 (굽어진 화살표를 아래로)
	회담, 협상 (회담이나 협상이 이루어지는 테이블 형상)
	지지, 지원, 원조 (보따리의 형상)
	협력, 협조 (악수를 하는 손의 측면 형상)
	보호 (비로부터 보호해주는 우산의 형상)
	자연, 환경 (나무의 형상)
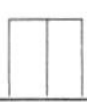	유럽 (유럽을 뜻하는 Europe 의 E 자를 이용)
	동부유럽
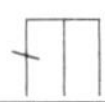	서부유럽
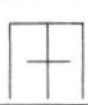	중부유럽
	대통령, 수반 (사람의 형상)
	국무총리, 수상 (대통령 옆에 점 하나 표시)
	장관 (대통령 옆에 점 두 개 표시)
	정치 (사람들이 하는 일이라는 뜻에서 人자를 겹친 형상)
	사회 (무한대의 일이 벌어지는 곳이라는 뜻에서∞ 형상)
	문화 (음악의 형상)
	대화 (서로 입을 맞대는 형상)
	경제 (돈의 형상)

- **위스퍼링 통역** (whispering interpretation)

위스퍼링 통역은 연사의 발화와 동시에 속삭이듯이 전달해주는 통역을 말한다. 통역을 필요로 하는 청자의 수가 2인 이내인 경우 통역사가 이들을 위해서 속삭이듯이 작은 목소리로 회의 내용을 동시통역해주는 것이다. 회의가 진행되는 현장에서 연사가 발화하는 것을 동시에 통역하기 때문에 방식상으로 동시통역에 포함되는데, 일반적인 동시통역에서 활용되는 방음 부스, 헤드셋, 마이크, 입출력 제어 장치 등의 장비 없이 통역을 하게 되기 때문에 집중력이 떨어질 수 있고 통역사의 목소리에 무리가 갈 수 있다.

전체적인 회의 진행에 방해가 되지 않기 위해서 작은 목소리로 통역을 하기 때문에 청자가 3인 이상만 돼도 내용 전달이 어려워진다. 회의 언어를 구사하지 못하는 소수의 인원을 위해서 동시통역 장비를 대여하기에는 비용 측면에서 부담이 커서, 혹은 회의 장소가 방음 부스를 설치할 만큼 여유로운 공간이 아닐 경우 회의 주최 측에서 위스퍼링 통역을 요구하는 경우가 있다. 통역사 입장에서 보면 격리되지 않은 공간에서 혼자 동시통역을 하는 것과 마찬가지이기 때문에 업무 강도가 높은 유형의 통역이라고 할 수 있다.

- **생동시 통역** (voice-over interpretation)

생동시 통역은 연사의 발화와 동시에 큰 목소리로 전달해주는 통역을 말한다. 큰 소리로 통역이 이루어진다는 점을 빼고는 위스퍼링 통역과 비슷한 환경 하에서 활용된다. 연사의 발화와 동시에 이루어지기 때문에 통역 시간을 절약할 수 있고, 별도의 장비가 필요 없기 때문에 비용 절감에도 효과적이다.

그러나 연사의 발화가 이어질 때 큰 소리로 통역도 함께 이루어지기 때문에 연사와 통역사의 목소리가 분리되지 않을 수 있다. 통역사는 연사의 발화와 섞이지 않기 위해 음량, 음성을 조정하게 되는데, 그럼에도 불구하고 연사의 목소리와 통역사의 목소리가 동시에 들림으로 인해서 서로에게 방해를 줄 수도 있다. 이러한 제약이 있기 때문에 생동시 통역은 긴 시간 이어지는 회의 보다는 오찬이나 만찬 등에서 가볍게 인사말을 건네거나 축사를 하는 데에 활용하는 것이 바람직하다.

- 릴레이 통역 (relay interpretation)

릴레이 통역은 회의 공식 언어가 3개 이상일 때 제3의 언어를 기점으로 릴레이 방식으로 이루어지는 통역을 말한다. 예를 들

어 한국에서 한국, 중국, 러시아, 3개국 대표가 모이는 국제회의를 개최한다고 가정해보자. 한국 대표가 하는 말은 한국어와 러시아어를 구사하는 한-러 통역사들과 한국어와 중국어를 구사하는 한-중 통역사들에 의해 러시아어, 중국어로 각각 통역된다. 그런데, 중국 대표가 연사로 나서는 경우 문제가 생긴다. 중국 대표의 말은 한-중 통역사들은 이해하고 한국어로 통역할 수 있지만 한-러 통역사들은 알아듣지 못하고, 따라서 러시아어로 옮기지 못한다. 러시아 대표가 연사가 되는 경우도 마찬가지다. 한-러 통역사들은 러시아 연사의 말을 한국어로 통역할 수 있지만 한-중 통역사들은 러시아 연사의 말을 알아듣지 못하고 따라서 중국어로 전달하지 못한다. 세 종류 이상의 언어 구사가 가능한 통역사가 있다면 문제가 되지 않겠지만, 현실적으로 여러 개의 언어를 통역 가능 수준으로 구사할 수 있는 통역사를 회의 때마다 섭외한다는 것은 거의 불가능하다.

이러한 문제를 해결하기 위해서 릴레이 통역이 활용된다. 중국 대표가 하는 말을 우선 한-중 통역사들이 한국어로 통역을 하면, 한-러 통역사들은 그 한국어를 릴레이로 받아서 러시아어로 통역하는 것이다. 이 상황에서 기점이 되는 언어는 한국어이며, 한-중 통역 부스가 피봇(pivot)이 된다. 러시아 대표의 연설은 한-러 통역사들이 한국어로 통역을 하고, 그 한국어를 릴레이로 해서 한-중 통역사들이 중국어로 통역을 하면 된다. 이 상황에서도 기점이 되는 언어는 한국어이며, 한-러 통역 부스가 피봇이 된다.

한국에서 개최되는 회의에서는 이렇게 한국어가 기점 언어가

되는 경우가 일반적이지만, 참가국이 많은 대규모 국제회의에서는 개최 장소가 한국이라 하더라도 영어가 기점 언어가 되는 경우도 있다. 즉, 어느 나라의 대표가 발표를 하든 그 연사의 발화는 일단 영어로 옮겨지고, 그 영어를 기점으로 해서 각국의 언어로 통역되는 것이다. 영어를 기점으로 하는 회의는 영어와 다른 외국어를 구사하는 통역사가 섭외되었을 때만 가능하다. 이렇게 릴레이 통역을 이용하면 회의 참가국이 확대되고 회의 공식 언어가 늘어나도 국제회의 진행이 가능해진다. 지난 2000년 서울에서 열린 아시아유럽정상회의(ASEM)에는 26개 회원국 정상, 각료, 기자단 등 총 3천여 명이 참석했는데, 16개 언어가 릴레이 방식으로 동시통역 되었고, 참가 통역사 인원만 70명이 넘었다. 일반적으로 동시통역을 할 때 연사와 통역사의 발화 사이에 발생하는 시차가 2~4초인 점을 감안하면 릴레이 통역의 경우 4~8초 정도의 발화 시차가 발생할 수 있다는 점을 염두에 두어야 한다.

- 시역(sight translation)

시역은 주어진 문어 텍스트를 눈으로 보면서 동시에 구어로 옮겨주는 통역을 말한다. 눈으로 읽으면서 시각적으로 입력되는 문자 기호를 다른 언어의 음성 기호로 바꾸어주는 것으로, 문서를 읽으면서 구두로 번역해주는 행위와 비슷하다. 시각 기호를 음성 기호로 전환시킨다는 점에서 구두 번역과 비슷하지만, 눈에 보이는 순서대로 분절을 하면서 통역을 한다는 측면에서는 동시통역과 유사한 점이 많다. 동시통역은 주어지는 음성 기호 순서대로 분절을 하면서 통역을 하게 되지만, 시역은 눈에 보이는 시각 기호를 순서대로 읽어 가면서 음성 기호로 분절해서 전달한다.

눈에 보이는 시각 정보가 음성 정보에 비해 지속성이 길기 때문에 시역의 경우 동시통역에 비해 원문 표현이 통역에 계속 영향을 주는 간섭 현상을 일으킬 가능성이 더 많다. 하지만, 음성 기호를 듣고 동시에 음성으로 통역하는 동시통역을 본격적으로 훈련하기에 앞서서 기호 전환의 동시성에 익숙해지게 하기 위해 유용하게 활용될 수 있는 통역 방법이다.

- **수화 통역** (sign language interpretation)

수화 통역은 음성 언어 소통이 어려운 청각 장애인들과 건청인들의 소통을 가능하게 하는 통역을 말한다. 주로 동시통역 방식으로 이루어지지만 일부의 경우 순차통역 방식이 이용되기도 한다. 수화 통역에는 청각 장애인들의 수화를 음성 언어로 바꾸어주는 통역, 음성 언어를 수화로 바꾸어주는 통역, 그리고 전통적으로 사용되어 오던 수화를 표준 수화로 바꾸어주거나 그 반대 방향으로 바꾸어주는 수화끼리의 통역이 있다.

전통 수화는 청각 장애인들끼리의 소통을 위해서 자연발생적으로 만들어졌다. 이후 선교, 교육 등의 목적으로 발전되면서 시설, 기관들이 사용하는 수화가 서로 달라 어려움이 발생하기도 했다. 수화에도 방언이 있다고 하는 것은 이렇게 지역에 따라 기관에 따라 수화가 서로 다른 모습으로 진화해왔기 때문이다. 지난 2018년 평창 패럴림픽에 참석한 수화통역 경찰관들의 경험담을 살펴보면 쉽게 이해할 수 있다. 한 청각장애인이 수화로 '술을 달라'고 요구해서 해당 경찰관은 순간 당황했다고 한다. 하지만, 알고 보니 '술'이 아닌 '물을 달라'는 것이었는데, '술을 달라'는 요구로 받아들인 것은 경찰관의 고향인 경북 영주에서는 같은 동작이 '술'을 뜻하기 때문이었다는 것이다[25]. 이렇게 특정 지역이나 기관의 수화를 표준 수화로 옮겨주는 것 혹은 그 반대로 표준 수화를 전통 수화로 옮겨주는 것도 수화 통역의 영역에 포함된다.

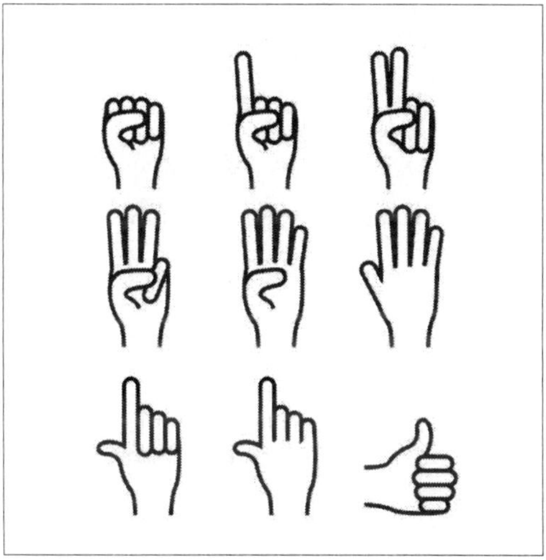

1991년 교육부는 『한글식 표준 수화』를 발행하면서 수화 표준화의 필요성을 강조하였는데, 2005년에는 국립국어원과 한국농아인협회가 공동으로 『한국수화사전』을 발간함으로써 표준 수화를 일반화할 수 있는 길을 열었다. 국민권익위원회에서는 2012년 6월부터 청각장애인들도 주민센터나 보건소 등 공공 기관을 불편 없이 이용할 수 있도록 하기 위해서 110 콜센터에 화상 수화통역 시스템을 도입했으며, 2016년에는 수화언어법이 제정되어 농인과 한국수화언어사용자의 언어권과 삶의 질을 향상시킬 수 있는 법적 여건이 마련되었다.

1997년까지는 수화통역에 대한 자격제도가 마련되어 있지 않았기 때문에 수화 통역의 주체는 농학교 교사나 농단체의 직원, 교회 교인들이 될 수밖에 없었다. 하지만 1997년부터 민간 차원에서, 2006년 이후부터는 국가 차원에서 공인 수화 통역사 자격인증 시험을 시행하게 되면서, 수화 통역사의 전문화를 위한 토대가 마련되었다. 2002년부터는 수화통역사를 전문으로 양성하기 위한 수화통역 과정이 개설되어 운영되고 있으며[26], 2010년 현재 수화통역사 1인당 청각 장애인 219명을 맡아야 하는 현실로, 수화통역사 1인당 50명 정도가 적정선인 것을 감안하면 아직도 인력이 부족한 상황이다[27].

원성옥(2013)은 수화 통역이 짧은 기간 동안 많은 발전을 이루었지만 통역의 질적 향상을 위한 제반 여건이 아직 부족한 상태라는 점을 지적한다. 질 높은 수화 통역을 제공하기 위해 통역사는 무엇보다도 원문의 의미에 충실하면서 목표어를 제대로 구사해야 한다. 수화 통역사는 한국어와 한국수화를 능수능란하게 다루는 능력이 가장 먼저 전제되어야 하지만, 충실한 통역을 위해서는 메시지를 제대로 파악해야 하는데, 이를 위해서는 내용에 대한 배경지식과 농인과 농인의 문화에 대한 지식을 갖춰야 한다. 농인들이 필요로 하는 다양한 요구를 충족시키고 더 나아가 삶의 질을 향상시키는 데에 기여하기 위해서는 수화 통역사의 수를 늘리는 것 뿐 아니라 전문 교육과정을 개발하고 인증 시험을 질적으로 전문화하는 동시에 통역에 대한 제반 교육기회를 제공하고 연구를 활성화할 수 있는 조치가 뒷받침되어야 한다[28].

2) 통역 상황에 따른 분류

상황에 따라 통역은 회의 통역, 지역사회 통역 등으로 구분될 수 있다.

- 회의 통역 (conference interpretation)

회의통역은 1차 세계대전의 결과물로 탄생했다. 당시까지 국제회의의 공식 언어는 프랑스어였고, 주요 회의들은 프랑스어로 진행되었기 때문에 통역이 필요하지 않았다. 하지만 전쟁 중 연합군 회의를 진행하면서 미국과 영국 측이 회의 언어인 프랑스어를 이해하지 못하는 상황이 발생했고, 이 문제를 해결하기 위해 회의석상에서 통역을 활용하게 되면서 회의 통역의 역사가 시작되었다. 초창기 회의 통역은 주로 순차통역으로 진행되었지만, 동시통역을 가능하게 하는 장비가 보편화된 이후에는 회의 통역의 한 방식으로 동시통역이 폭넓게 확산되었다.

동시통역 장비의 시작은 1920년대 연설번역기 시스템이었다. 필렌 필레이(Filene Finlay)라고 불리던 이 시스템은 청중이 연설을 청취하다가 못 알아듣는 언어가 나오는 경우 앞에 있는 전화기로 교환수에게 전화를 걸어 원하는 언어로 통역된 연설을 듣는 방식으로 운영되었다. 통역사들은 연설을 듣고 교환수에게 직접 연결되는 폰에 대고 통역을 했다. 1930년대 IBM이 이 필렌 필레이라는 장비를 사들여 더 정교하게 발전시켰고 뉘른베르크 전범재판에 무료로 제공하면서 동시통역이라는 통역 방식이 회의 통역에서 보편화될 수 있게 되었다[29].

일반적으로 회의통역에서는 두 개 혹은 그 이상의 언어가 사용되는데, 통역사가 사용하는 언어를 다음과 같이 구분할 수 있다.

A 언어: 모국어나 모국어 수준의 구사력을 갖춘 언어. 통역사가 A언어로 통역을 할 수도 있고, 그 반대 방향의 통역도 가능하다.

B 언어: 모국어 수준은 아니지만 유창한 구사가 가능한 언어. 통역사가 B언어로 통역을 할 수도 있고, 그 반대 방향의 통역도 가능하다.

C 언어: 이해는 가능하지만 표현은 어려운 언어. 통역사가 C언어를 듣고 A나 B언어로의 통역은 가능하지만, 그 반대 방향의 통역 즉, C 언어로의 통역은 불가능하다.

위의 정의를 보면 일반적으로 A 언어나 B 언어는 해당 방향으로의 통역이 가능한 능동언어인 반면, C 언어는 다른 언어로의 통역은 가능해도 해당 방향으로의 통역은 어려운 수동 언어임을 알 수 있다. 한국과 같은 단일 언어 문화권의 경우 여러 언어를 모국어 수준으로 구사할 수 있는 사람은 많지 않다. 따라서, 한국에서는 A언어 하나와 B언어 하나의 언어 배합으로 활동하는 통역사 유형이 가장 일반적이라고 할 수 있으며, A언어 하나에 B언어 2개, 혹은 A, B, C 언어 각각 하나씩을 구사하는 통역사들도 있다.

일반적으로 국제회의에서는 특정 주제에 대한 발표와 토론이 이루어지는데, 그 주제의 폭은 매우 넓어서 정치, 경제, 군사, 외교, 기술, 의학, 예술 등 거의 모든 전문 분야가 다루어질 수 있다. 하나의 회의에서 단일한 주제만을 다루기도 하지만 여러 분야의 주제들이 같이 다루어지는 회의도 많다. 기술 분야의 통역이라고 할지라도 회의에 따라 다루어지는 기술의 종류가 천차만별이고, 회의에 참석하는 사람들은 해당 기술 분야의 전문가들이기 때문에 전문적인 지식을 서로 다른 언어로 논하기 위해서는 통역사 역시 해당 분야에 대해 주제 지식을 숙지하고 있어야 한다.

수많은 전문가들이 특정 주제에 대해서 논하는 회의를 동시나 순차 방식으로 원활하게 통역하기 위해서는 전문적인 통역교육이 필수적이다. 회의통역을 전문적으로 수행할 수 있으려면 모국어와 전공 외국어 구사능력 뿐 아니라 특정 분야에 대한 주제 지식, 그리고 양 언어 문화권에 대한 폭넓은 배경지식을 가지고 있어야 한다. 모국어로 진행되는 회의라고 해도 즉, 언어 지식이 문제되지 않는 상황에서도 해당 주제에 대한 지식이나 그와 관련된 여타 배경지식을 알고 있지 못하면 토론이나 논쟁 등에 적극적으로 참여하지 못하는 이치와 같다. 굳이 회의라는 형식을 갖추지 않아도 친구들과 혹은 직장 동료들과 갖게 되는 대화와 토론의 장에서 자신의 견해를 제대로 표현하지 못하고 꿀 먹은 벙어리처럼 소외되어본 경험은 아마 누구에게든 있을 것이다. 그런 자리에서 의사 표현을 제대로 하지 못한 것은 언어 지식이 부족해서가 아니라 해당 분야에 대한 충분한 지식을 가지고 자신의 생각을 정리해볼 기회를 가지지 못했기 때문인 경우가 많다.

2개 이상의 언어로 진행되는 전문 회의에서 회의 주제에 대해 오고 가는 다양한 의견 발표와 토론을 제대로 이해하고 전달하려면 통역사 본인도 해당 주제에 대한 지식을 가지고 있어야 함은 당연하다. 발파공법을 이용한 구조물 철거 기술을 다루는 회의를 예로 들어 보자. 회의 참석자들은 해당 기술에 대해 전문적 지식을 보유하고 있는 사람들이며, 주제에 대해 다양한 의견을 제시하고 그에 대한 토론을 진행할 것이다. 해당 분야 전문가가 아닌 통역사가 그들 사이에 이루어지는 대화를 이해하고 전달하려면 기술과 관련된 언어 지식 즉, 전문용어나 기타 기술 관련 표현뿐 아니라 발파공법에 대한 전반적인 지식을 어느 정도는 사전에 파악하고 있어야 한다. 발파공법이 무엇이며, 어떤 경우에 활용되는지, 우리나라나 해외에서 발파공법이 활용된 예에는 무엇이 있으며, 어떤 여건이 조성되어야 하는지, 또 다른 해체공법과 비교했을 때에는 어떠한 장단점을 가지고 있는지 등 해당 주제와 관련해서 회의석상에서 다루어질 만한 여러 문제들을 미리 브레인스토밍을 통해 생각해보고 준비하는 과정이 필요하다.

전문가들이 모인 회의석상에서는 해당 분야에 국한된 고도의 전문화된 지식도 다루어지지만, 양 문화권과 관련된 일반적인 주제도 얼마든지 논의 대상이 될 수 있기 때문에 어떤 회의 통역을 위해서든 폭넓은 배경지식은 반드시 사전에 연마해야 한다.

이러한 회의통역 교육은 주로 전문 대학원을 중심으로 이루어진다. 우리나라의 경우 한국외국어대학교 통역번역대학원, 이화여자대학교 통역번역대학원, 중앙대학교 국제대학원, 서울외국어대학원대학교 등을 비롯, 각 대학교에 설치된 전문 및 일반대학원 석사 과정에서 주로 회의통역 교육이 이루어지고 있다. 2개 언어 과정의 경우 2년, 3개 언어(A, B, C 언어) 과정의 경우 3년에 걸쳐 이루어지는 교육과정에서 학생들은 언어 구사력의 연마와 더불어 회의석상에서 주어질 수 있는 다양한 주제를 접하고, 그와 관련된 지식을 체계적으로 축적할 수 있다. 또, 어떤 회의 현장에서든 다루어질 수 있는 해당 언어 문화권의 정치, 경제, 역사, 사회, 문화 관련 배경지식을 쌓기 위해 분야별로 특화된 수업을 수강하며, 회의통역 기술 연마를 위해 매주 다양한 주제로 모의회의를 진행한다.

전문적인 회의 통역 교육은 주로 대학원을 중심으로 이루어져 왔는데, 최근 통역과 번역이라는 행위, 통역사와 번역사라는 직업에 대한 관심이 증대되면서 점차 학부에서도 전공 과정 자체가 개설되거나 특정 학과 내에서 통번역을 교육하는 별개의 과목이 생기는 예가 늘고 있다. 2011년 12월 기준으로 학부에서 통번역 관련 강좌를 개설하고 있는 학교는 총 69개교인데, 이들의 수는 갈수록 증가 추세에 있다. 전문 대학원에서의 통역 교육이 회의통역사 양성을 목표로 하고 있다면, 학부에서의 통번역 교육은 주로 외국어 교육, 구사력 향상 등과 연관선상에서 진행되고 있다.

- 지역사회 통역 (community interpretation)[30]

세계화가 급진전하고 국가간 인적 교류가 빈번해지면서 인구의 이동이 급증하고 있다. 한국은 경제 성장, 인구 고령화 등으로 해외에서 외국인 노동자의 유입이 증가하고 있고 노동자와 가족까지 포함하면 앞으로도 외국인 인구수는 계속 증가할 것이다. 국내 체류 외국인은 2000년 49만1천명에서 2007년 100만명을 돌파한 뒤 2016년에는 100만명이 더 늘어 200만명을 넘어섰다. 법무부는 지금 추세를 유지할 경우 5년 뒤인 2021년에는 300만명을 넘을 것으로 예상했다[31]. 2016년 7월 국내 외국인 수는 200만 2천명이며 이는 전체 인구의 3.92%에 해당한다. 외국인 수가 꾸준히 증가하는 것은 유학이나 취업을 목적으로 유입된 인구가 많아졌기 때문이다.

지역사회 통역은 지역 사회의 언어를 모르는 외국인이 법정이나 경찰서, 의료기관 등 해당 사회의 제도나 기관을 이용할 때 언어 구사력의 부족으로 인한 불이익을 받지 않도록 제공되는 통역을 말한다. 호주나 캐나다, 미국과 같은 다민족 사회에서는 오래 전부터 이민자들을 위한 지역사회 통역의 필요성이 제기되어 왔고 통역 전문가 양성을 위한 다양한 제도가 마련되었다. 다문화가정의 급속한 증가와 더불어 지역 사회에서의 의사소통을 도와주는 지역 사회 통역에 대해 한국에서는 2000년대 초반부터 연구가 활발하게 이루어져 오고 있다. 지역 사회 통역의 대표적 유형으로 사법 통역과 의료 통역을 소개한다.

• 사법 통역

사법 통역은 공공기관에서 이루어지는 지역 사회 통역 중 가장 오래된 분야이며 외국인이 국내 법정에 서는 경우가 증가함에 따라 통역 수요가 크게 늘고 있다. 사법 통역은 사법절차에서 형사피고인이나 피의자의 지위에 있는 외국인이 구사 가능한 언어와 법정에서 사용되는 언어의 차이로부터 발생하는 의사소통의 장애를 극복하기 위하여 법정, 수사기관, 유치장 등 사법기능이 실행되는 기관에서 이용할 수 있는 통역서비스를 말한다[32]. 한국이 가입한 '시민적, 정치적 권리에 관한 국제 인권 규약'에 따르면 형사 재판의 경우 "법정에서 사용되는 언어를 이해하지 못하거나 말할 수 없는 경우 무료로 통역의 도움을 받을 것을 보장하도록 의무화"하고 있다[33].

전문 사법 통역사가 사법통역을 담당하는 미국, 호주, 캐나다 등에 비해 한국의 상황은 매우 열악하다. 미국은 1978년 법정통역사법(Court Interpreter Acts)이 채택된 이래 연방 사법 통역사 인증시험을 실시하며, 이와 별도로 주별로 실시되는 사법통번역사 시험을 통과하면 사법 통역사 자격을 부여한다. 1979년 사법통역사 시험을 도입한 캘리포니아주에서는 매년 두 차례 시험이 실시되지만 합격률은 10%에 불과하며, 2017년 현재 2천여 명의 사법 통역사가 확보되어 있지만 220개 언어가 통용되는 캘리포니아주의 특성을 고려하면 아직도 수요에 비해 통역사의 수가 모자란 실정이다[34]. 한국의 경우 상황은 더 열악해서 사법 통역사라는 전문 직종에 대한 인식 부족으로 법정에서 통역을 전문으로 하는 통역사뿐 아니라 법률사무소 등 해당 기관에서 고용된 정규직 법정통역사도 거의 전무한 실정이다[35]. 현재 국내 법정에서 외국인을 대상으로 한 사법통역 서비스는 해당 관청에서 통번역대학원 등 통번역사 양성 교육기관에 통역사 명단을 요청해서 확보하고 있다가 필요시 통역사에게 개별적으로 연락을 취함으로써 이루어진다. 최근에는 법원마다 해당 언어권의 자원봉사자를 위촉, 통역 문제를 봉사 활동을 통해 해결하는 움직임도 보인다.

2017년 법무부 난민 전문 통역인으로 등록된 통역사는 22개 언어 총 220인이며, 각급 법원별 법정 통역 번역인 등록자는 총 28개 언어 1992명이다. 이중 가장 큰 비중을 차지하는 것이 중국어(392명)이며 그 뒤를 영어(373명), 일본어(247명), 베트남어(142명), 몽골어(102명), 러시아어(78명) 등이 잇고 있다[36]. 하지만, 사건이 있을 때마다 통역사를 선정하는 방식으로 업무가 위촉되기 때문에 상근직에 비해 업무의 안정성 확보가 어려우며, 이들의 전문성을 검증할 수 있는 제도적 장치 역시 마련되어 있지 않다. 사법 통역을 제대로 하기 위해서 통역사는 언어적 능력뿐만 아니라 법적 절차, 용어, 행위규범 및 윤리의식 등을 숙지하고 있어야 한다. 이러한 제반 지식이 부족한 상황에서 이루어지는 통역은 공정한 재판을 어렵게 하고 인간의 기본적 인권을 보호해야 하는 헌법상의 원칙에도 위배되는 심각한 결과를 낳을 수 있다. 일례로 미국 메릴랜드로 이주한 한국 이민자 중 한 사람이 8살의 어린 아들을 혼내면서 "또 거짓말 하면 너 죽고 나 죽는다"라는 표현을 썼는데 학교에서 가정상담을 하는 과정에서 이 표현을 영어로 그대로 직역했고, 가정법원은 아버지를 위험인물로 간주, 접촉 금지 명령을 내리기도 했다. 미국 남부에서는 집에 혼자 있던 한국 출신 어린 아이가 장롱에 깔려 죽는 사건이 발생했는데, 슬픔에 겨워 한탄을 하던 중 엄마가 "내가 너를 죽였다"라고 넋두리를 했다고 한다. 이 말을 그대로 믿은 경찰이 엄마를 살인 혐의로 체포한 일도 있었다[37].

한국에서 사법 통역이 제도화되지 못하고 있는 데에는 사법 통역에 대한 국가기관의 인식 부족이 가장 큰 요인으로 지적된다. 사법 통역사들이 일하는 장소는 '법정'뿐 아니라 법률사무소, 경찰과 검찰, 유치장 및 감옥 등 사법제도와 관련된 공공기관들이다. 사법 통역사에 대한 고용은 검사나 재판부 등 국가기관에 의해 이루어진다. 사법 통역의 중요성에 대한 인식의 부족은 현실적으로 매우 낮은 통역료와 직결된다. 서울 중앙지검에서 통역 의뢰시 형사재판인 경우 재판 1건당 8만원-10만원을 지급하게 되는데 이는 사건 당사자 개인이 통역사를 고용하는 민사 재판, 일반 공식 회의 통역시 지불되는 통역료와 비교했을 때 터무니없이 낮은 수준이다[38].

낮은 통역료는 곧 사법 통역사의 비전문화, 사법 통역사가 되고자 하는 잠재적 취업수요의 저하로 이어지고 이는 곧 전문적 사법 통역 교육의 부재를 낳게 된다. 자유로운 의사소통 능력과 더불어 법률에 대한 제반 지식, 용어, 사법절차에 대한 해박한 이해 등 전문화된 지식이 요구되는 사법 통역 교육의 부재는 자격미달의 통역을 양산하고 결과적으로 잘못된 판결로 이어질 수 있다. 피고인 또는 피의자가 형사절차에 관여하는 사법기관과 원활한 의사소통을 할 수 있게 함으로써 헌법과 형사소송법이 규정하는 권리를 보호받을 수 있도록 하는 사법통역의 기본 목적이 사법기관에 의해 인식되지 않는 한 인식부족-낮은 통역료-공급부족-교육부재 로 이어지는 이와 같은 악순환은 해결될 수 없을 것이다.

• **의료통역**

의료 통역은 병원, 언어치료사, 물리치료사, 영양사 등 보건의료 전문가와의 상담 등에서 이루어지는데 주로 의료 전문가와 환자 간의 상담을 위주로 진행된다. 지역사회 통역의 범주에 속해있기는 하나 한국의 의료통역은 여타 다른 나라의 의료 통역과는 다른 양상으로 발전되고 있다. 한국의 의료 통역은 의료 관광이나 단기 거주자들의 수요 충족에 초점이 맞춰져 있기 때문이다.

한국보건복지인력개발원(KHRDI)에서 2009년 한국외대 통역번역대학원에 의뢰, 조사한 '의료통역사양성사업 사업결과 보고서'에 따르면 한국내 의료통역 서비스 대상자 중 가장 큰 비율을 차지하는 것이 국내 단기 거주 외국인(59.4%)이었으며 그 다음으로 외국인 거주자(다문화가정)(21.3%), 국제의료 환자(19.4%)로 나타났다. 한국의 경우 의료통역 대상자 중 단기 거주자와 의료관광 목적의 방문객이 전체의 80% 정도를 차지하므로 자국 국민의 복지향상을 위주로 발전되어온 미국, 호주 등의 의료 통역 상황과는 다르다. 즉, 국민 복지 향상이 아닌 산업의 측면에서 의료 통역에 대한 접근이 이루어지고 있는 것이다. 위의 설문조사 결과 조사에 참여한 병원들 중 현재 통역서비스를 제공하고 있는 병원들의 비율이 77%에 이르는데 이들은 주로 병원 내 다른 업무를 맡고 있는 정규 직원(61.4%) 이거나 통역을 담당하는 정규/비정규 직원(32%)이었다[39]. 병원의 규모에 따라 차이는 있지만 더 많은 환자의 유치를 위해 통역 업무가 필요하다는 인식이 이미 확고하게 이루어져 있음을 알 수 있다.

의료 통역의 필요성에 대한 인식은 정부 차원에서도 적극적으로 이루어져서 통역 교육 프로그램의 개발로 이어졌다. 보건복지부 산하기관인 한국보건복지인력개발원은 2009년부터 의료통역 전문과정을 개설, 의료통역사 양성을 위한 교육을 실시하고 있다. 교육 대상은 통번역대학원 졸업자, 현재 의료통역을 하고 있는 자, 전 현직 의료분야 종사자 중 2개 국어에 능통한 자이며 교육시간은 총 200시간이다. 교과목은 의료, 의학용어, 통역, 의료현장 실무, 특강 및 워크숍 등으로 이루어져 있다. 동 기관에서는 2016년부터 의료 통역사 인증제도라고 할 수 있는 의료통역 능력검정시험도 실시하고 있다. 시험은 1차 필기시험과 2차 구술시험으로 구성되어 있는데 1차 필기 시험에서는 국제문화, 의료서비스, 병원시스템, 기초의학, 2차 구술시험에서는 외국어 의사 표현의 정확성과 논리성, 의료지식 등을 중심으로 한 평가가 이루어진다. 한국을 방문한 외국인 환자수가 2009년부터 2015년까지 120만 명에 달하는데, 그 수는 앞으로도 증가할 것으로 예상된다.

지금까지 한국에서의 사법통역과 의료통역의 현황에 대해 간략하게 알아보았다. 사법통역과 의료통역은 지역 사회 통역이라는 하나의 범주에 같이 포함됨에도 불구하고 서로 다른 특성을 가지고 있다는 사실을 알 수 있었다. 외국인을 위한 사법 통역은 주로 국가기관에 의해 발주가 되며 피고 혹은 피의자가 자기 방어권을 행사할 수 있도록 그들의 권익을 보호해주는 것을 목적으로 한다. 반면 의료통역은 진료기관인 병원에 의해 발주가 되며 환자들의 건강과 복지 향상을 도모하지만 궁극적으로는 의료활동을 통한 이윤창출을 목적으로 한다. 앞서 지적한 것처럼 한국에서의 의료 통역은 여타 외국의 경우와는 다르게 국민 복지보다는 산업적인 측면에서 발전하고 있기 때문이다. 이러한 접근 방법상의 차이는 곧 그 필요성에 대한 인식의 차이로 직결되어 정부 지원을 받는 교육 프로그램의 개발에까지 영향을 미치고 있다.

앞서 지적한 대로 사법 통역의 경우는 국가가 주도하거나 지원하는 교육 프로그램 마련이 아직도 이루어지지 않고 있다. 한국에서의 사법 통역과 의료 통역이 지역 사회를 구성하는 이웃들을 위한 통역이라는 지역 사회 통역 범주에 같이 포함될 수 있는지에 대한 의구심이 드는 것도 바로 그 목적과 접근방법상의 차이에 기인한다. 의료 통역의 경우 교육은 국가 지원으로 이루어지지만 그 활동에 대한 발주와 보수의 지급은 진료기관인 병의원이 담당하는 반면, 사법 통역은 그에 대한 교육과 보수 모두 국가기관이 담당할 수밖에 없기 때문에 그만큼 국가 기관의 적극적 역할이 필요하다.

최근 몇 년간 여러 연구를 통해서 사법 통역의 전문화에 대한 문제제기가 계속 이어져오고 있다. 법원 자체적으로 그 필요성을 인식하고 통번역 지원 시스템 마련, 통번역 비용을 포함한 소송구조 확대 등을 위해 노력할 것임을 시사하는 보도가 잇따르고 있는 것은 바람직한 일이다. 다문화가정이 갈수록 증가되어 가면서 같이 사는 이웃들을 위한 통역인 지역 사회 통역의 중요성 역시 갈수록 커져갈 것이다. 국가기관과 교육기관 사이의 긴밀한 협력을 통해 사법 통역의 전문화를 위해 개선책을 마련하고 관련 제도 마련을 위해 노력해야 할 것이다.

4. 번역의 종류

번역사는 실제 번역 활동을 하면서 매우 다양한 분야, 다양한 장르의 텍스트를 접하게 된다[40]. 특정 주제 혹은 분야의 번역만을 전문적으로 하는 경우도 있기는 하지만, 우리나라의 현실에 비추어 볼 때 일반적으로 번역사들은 대통령의 대 국민 연설문, 대문호의 문학작품에서 아이들을 위한 동화, 화장품 광고, 학술 논문, 기계 메뉴얼에 이르기까지 수없이 다양한 텍스트들을 접하고, 이들을 번역한다. 다양한 주제의 활자화된 텍스트 이외에도 영상이나 오디오 매체를 번역해야 하는 경우도 있고, 같은 기계 매뉴얼이라 할지라도 해당 분야 기술자들을 대상으로 한 경우가 있는가 하면 기계를 전혀 모르는 일반 소비자들에게 배포하기 위한 번역물인 경우도 있다.

또, 번역이라는 활동 자체의 특성상 그것을 번역사에게 발주하는 고객 혹은 발주자의 요구에 따라 형식과 내용 측면에서 원문과는 다른 텍스트로 재구성해야 하는 경우도 생긴다. 대상층이 성인이었던 에드거 앨런 포의 추리소설을 어린이를 대상으로 하는 소설로 번역을 한다거나 외국 정당의 선거운동 관련 텍스트를 단순히 국내 정당의 관계자들 참고용으로 작성하는 경우를 예로 들 수 있다. 이렇게 번역사는 일반적으로 생각할 수 있는 것보다 더 많은, 더 다양한 텍스트를 접하고 이를 번역한다.

본 장에서는 번역의 대상이 되는 텍스트의 유형을 알아보고, 이를 중심으로 번역의 종류를 문학번역, 실용번역으로 구분해서 살펴보고자 한다. 그리고 그와 별도로 독자에게 제공되는 번역 유형의 한 형태로서 영상 번역과 출판 번역에 대해 알아본다.

1) 라이스(Reiss)의 텍스트 유형

1970년대 독일의 기능주의를 대표하는 번역학자 라이스(Reiss, 1977)는 언어 기능을 중심으로 텍스트를 정보 제공적(informative), 표현적(expressive), 반응 유도적(operative) 텍스트의 세 가지로 구분하고 그에 따라 번역 전략이 달라져야 한다고 주장했다.

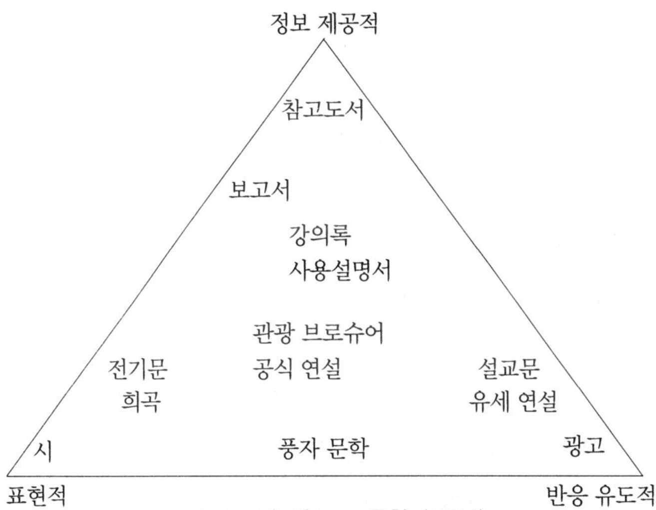

Reiss의 텍스트 유형 (1977)

언어 차원에서 보면 정보 제공적 텍스트는 논리적인 반면, 표현적 텍스트는 미학적이고, 반응 유도적 텍스트는 대화적 즉, 대화를 나누며 설득을 하는 것처럼 상대의 반응을 이끌어 내는 특성이 있다고 할 수 있다. 정보를 제공하고 소개하는 것을 목적으로 하고 있다면 그것은 정보 제공적 텍스트 유형에 속하며, 감성을 자극하고 예술적 감동을 주는 것이 주된 기능이라면 표현적 텍스트라고 할 수 있다. 텍스트를 통해서 독자의 특정한 반응, 예를 들어, 상품을 구매하게 하거나 선거 유세에서 자신을 지지하게 하는 것 등을 유도하고자 한다면 그것은 반응 유도적 텍스트이다. 하지만 실상 우리가 접하는 텍스트는 이러한 기능 중 하나만을 수행하지는 않으며 모든 유형의 텍스트가 다기능(multifunctional)적이다. 삼각형의 어느 쪽에 위치하고 있는가에 따라 그것이 수행하는 기능에서 어떤 것이 지배적인가를 알 수 있고, 그에 따라 번역 전략도 달라질 수 있다.

정보 제공적 텍스트의 경우 원문이 가지고 있는 지시적, 개념적 내용을 전달하기 위해서 번역은 평이한 산문체(plain prose)로 쓰여야 하고 중복을 피하면서 원문을 명확하게 만들어주어야 한다. 표현적 텍스트는 원문의 미학적, 예술적 형식을 전달하는 것이 중요하기 때문에 번역사는 원문 저자의 관점에서 저자와 동일시하면서 번역을 해야 한다. 반응 유도적 텍스트의 경우 원문 저자가 의도한 반응이 번역문 독자에게도 나타나게 해야 하기 때문에 원문과 효과에 있어서 등가 관계를 구현하는 것이 중요하다. 다민족, 다언어 국가인 미국에서 대통령을 뽑는 선거 유세 연설을 번역한다고 했을 때, 영어를 구사하지 못하는 유권자들도 후보를 지지할 수 있도록 연설 번역문 또한 원문과 마찬가지로 독자의 적극적인 반응을 불러일으킬 수 있도록 만들어져야 한다.

텍스트 유형에 따라 번역 전략을 다르게 선택할 때 유의할 점은 위에서도 지적한 바와 같이 하나의 텍스트가 다양한 유형적 특징을 가질 수 있다는 점, 그리고 동일한 텍스트 유형이라 할지라도 문화권에 따라 그 특성이 다를 수 있다는 점이다. 프랑스의 소설 '개미'의 경우 유형적 관점에서 볼 때 문학작품이므로 표현적 텍스트에 속하겠지만, 개미의 생태에 대해 집요하리만큼 자세하게 묘사하는 장면에서는 마치 생물학적 관점에서 개미를 분석한 논문과도 같은 특성을 보여주기 때문이다. 문체적 효과를 위해 소설 속에 관광 책자 유형에 속하는 텍스트를 의도적으로 끼워 넣은 경우도 있고, 신문이나 잡지처럼 전체 텍스트가 상이한 목적과 기능을 가진 다양한 소 텍스트로 구성된 경우도 있는데, 이 역시 하나의 텍스트 유형으로 단정짓기 어려운 경우에 속한다고 할 수 있다.

쿠즈마울(Kussmaul, 1997)은 동일한 텍스트 유형이라고 할지라도 문화권에 따라 특성이 달라질 수 있다는 점을 학술논문을 중심으로 설명했다. 학술 논문은 전문가가 본인이 연구한 분야에서 거둔 학술적 성과를 일목요연하게 제시하고 연구의 가치를 공유하는 것을 목적으로 하기 때문에 위 텍스트 유형에서는 정보 제공적 텍스트와 반응 유도적 텍스트의 중간 정도에 위치한다고 볼 수 있다. 영어와 독일어로 작성된 학술논문 코퍼스를 비교, 분석해본 결과, 논문을 소개하고 발표할 때 영어에서는 'I shall discuss this topic in the following chapter'와 같이 연구의 주체가 확연히 드러나 있는 경우의 빈도가 가장 높은 반면, 독일어에서는 'The following chapter deals with...'의 경우와 같이 해당 책이나 장을 주체로 내세우는 경우가 많았다. 이는 곧 저자와 독자 사이의 사회적 거리(social distance)에 대한 분석으로도 이어지는데, 독일의 학술 논문에서는 저자와 독자 사이의 거리가 먼 반면, 영어에서는 그 거리가 상대적으로 가깝다는 것이다. 다시 말하면, 학술 논문을 영어에서 독일어로 번역할 때에는 저자와 독자 사이의 거리를 멀게 조정하고, 반대의 경우 주체를 명확하게 제시해서 거리를 좁힐 필요가 있다는 것을 의미한다.

2) 문학번역

텍스트 유형적 관점에서 보면 문학은 심미적, 미학적 특성이 강조된 표현적 텍스트에 속한다. 문학 번역은 번역사가 가장 어려운 위치에 놓이게 되는 번역(Wilss, 1996:140)으로 인식된다. 쾰러(Köhler, 1997)는 기본적으로 문학 번역과 실용적 번역을 이분하고, 문학번역에는 모든 종류의 예술적 산문과 시의 번역, 실용적 번역에는 모든 종류의 사물적 산문, 즉, 과학, 기술텍스트, 법률, 정치, 상업 텍스트의 번역을 포함시키고 있다. 문학 텍스트는 형식과 내용이 모두 중요하고 실용 텍스트는 형식보다 내용이 더 중요하다는 점을 강조하면서 문학은 형식과 내용이 서로 변증법적인 관계를 가지지만 실용적 텍스트는 '형식이 어떤 고유 가치도 가지지 않으며 내용에 절대적으로 종속'되기 때문에 언어학적으로 번역을 연구할 때에는 그 대상이 실용적 텍스트가 되어야 한다고 주장했다. 그러나, 이러한 극단적인 구분은 많은 논란을 야기할 수 있다. 실제로 실용텍스트라고 범주화된 텍스트 내에는 기술적인 설명서도 있을 수 있고, 학술적인 논문도 있을 수 있는데, 전자의 경우는 형식적인 문체적 특징보다 내용이 더 중시되지만, 후자의 경우는 문체와 내용 모두 중요하기 때문이다.

문학 번역과 실용 번역이라는 두 범주로 나누어 각각의 경우에 무엇이 더 중요하며, 어떠한 번역 전략이 더 유효한지를 살펴보고자 하는 시도는 텍스트 유형을 중심으로 한 라이스의 연구나, 쾰러의 이분법적 접근에서 보이는 것처럼 일정한 한계를 가지고 있음에도 불구하고 여전히 설득력이 있다. 즉, 일반적으로 문학은 언어를 매체로 하는 심미적 예술이기 때문에 작가가 구현하고자 하는 심미성을 구성하는 데에 사용된 어휘나 표현, 문체 등 형식적 측면이 작품 전체의 유기적 일부를 이룬다. 작가가 작품을 구성하는 데에 활용한 다양한 미적 도구들이 번역을 통해서도 유지되어야 한다는 견해가 지배적인 이유, 그리고 실제로 문학 작품에 대한 번역이 원문에 충실한 직역 경향이 강한 것도 같은 맥락에서 설명이 가능할 것이다.

원문 작가가 문학계에서 이룬 명성과 문학적 가치 역시 문학 번역에 영향을 줄 수밖에 없다. 세계적으로 유명하고 작품성을 인정받은 문호들의 작품을 번역하다 보면 되도록 원문의 표현과 문체를 유지하면서 저자의 의도를 전달하고자 수없이 반복되는 선택과 결정의 과정을 거치게 되는데, 번역을 통해 저자의 작품이 훼손되는 것을 방지하기 위해, 혹은 그와 유사한 평가를 받지 않기 위해 되도록 원문에 가깝게 번역하는 양상을 어렵지 않게 볼 수 있다.

20세기 미국과 러시아 문학을 대표하는 작가이자 뛰어난 번역가이기도 한 블라디미르 나보코프는 본인의 에세이 『번역의 예술』에서 작품을 번역하는 번역사가 갖추어야 할 자질을 다음과 같이 규정했다.

> 첫째, 번역가는 작가를 능가하는, 아니 적어도 작가와 동등한 재능을 가지고 있어야 한다. 이런 시각에서 보면, 아니 딱 이런 시각으로만 봤을 때 보들레르와 포, 주콥스키와 실러가 이상적인 파트너라고 할 수 있다. 둘째, 번역가는 두 나라, 두 언어를 철저하게 알고 있어야 하고, 작가 특유의 문체, 방법론, 단어의 어원, 결합 유형, 역사적 시기와의 연관관계 등 모든 디테일을 완벽하게 숙지하고 있어야 한다. 이것이 셋째 조건으로 이어진다. 천재성과 지식 외에도 그는 작가의 몸짓과 말, 행동과 생각을 내면화시키면서 최대한 그럴듯하게 그의 흉내를 낼 줄 알아야 한다[41].

나보코프는 대작을 번역하는 번역사들이 갖추고 있어야 하는 자질로 작가를 능가하거나 그와 동등한 재능, 두 나라와 언어에 대한 폭넓은 지식, 작품에 드러나는 작가의 모든 것을 내면화할 수 있는 능력 등 세 가지를 들었다. 이러한 능력을 모두 보유하고 있는 번역사가 실제로 얼마나 존재할 수 있을지에 대한 실체적 의구심이 드는 것도 사실이지만, 작품을 번역하기 위해서는 이와 같은 자질을 갖추기 위해 노력을 기울일 필요가 있다는 원론적 입장을 확인한다는 측면에서 그 의의를 찾을 수 있을 듯하다.

3) 실용번역

그렇다면 실용 번역에는 무엇이 포함될 수 있으며 그 특성은 어떠할까. 문학 번역과 대비되는 측면에서 비문학 번역이라는 범주를 가정해보면 일반적으로 실용 번역이라고 규정하는 대상을 어느 정도 설명할 수 있다. 심미적 기능보다 정보 전달이 중심이 된 텍스트, 독자의 감수성에 호소하기 보다는 특정 반응을 실질적으로 유도하는 것을 목적으로 하는 텍스트의 번역을 실용 번역이라는 큰 범주에 포함시킬 수 있다. 거래에 필요한 계약서, 기업 정관, 기계 설명서, 관광 안내서, 법률 규정, 학술논문, 대중 연설문 등 우리가 실생활에서 다양하게 접하는, 실무와 관련된 모든 텍스트가 실용 텍스트에 포함된다고 보면 된다.

실질적으로 정보를 전달하고 특정 반응을 유도하는 것을 목적으로 하는 실무 텍스트이기 때문에 원문의 형식 보다는 내용 전달이라는 측면에 더 방점을 두고 번역을 하게 된다. 통역과 마찬가지로 번역을 하게 되는 텍스트의 주제는 정치, 경제, 군사, 외교, 학문, 기술 등 매우 광범위하며, 번역을 할 때마다 번역사는 해당 분야에 대한 상당한 지식을 준비하고 또 축적하게 된다. 기업끼리 주고받는 간단한 서신에서 공신력을 가지는 법조문 등 전문적 텍스트에 이르기까지 다양한 문서를 접하게 되기 때문에 이러한 번역을 전문적으로 수행할 수 있도록 특화된 교육 과정을 이수할 필요가 있다.

셀레스코비치를 비롯한 해석이론가들은 언어가 어떤 것이든, 문학 텍스트, 기술서, 픽션/논픽션 등 텍스트의 유형이 어떠하든, 등가에 의한 번역이 일반적으로 효과적이라고 강조했다[42]. 해석이론에 있어서 가장 중요한 것은 의미의 도출이며, 의미 도출 과정에서 인지적 보완소(cognitive complement)의 역할이 강조된다. 기술 문서의 번역과 문학작품의 번역 모두에 있어서 인지적 보완소를 통해 도출이 가능한 의미 전달이 가장 중요하다는 것이다. 여기서 인지적 보완소란 우리가 배경지식, 세계지식이라고 부르는 일종의 지식 체계로 텍스트에 내재된 의미 즉, 맥락을 파악하는 데에 도움을 주는 사회 문화적 경험과 지각의 총체라고 할 수 있다.

앞서 2장에서 '김 감독이 충무로를 떠났대'라는 문장이 언급되었는데 한국어 화자들은 위 문장 속 '충무로'가 그곳에 집중되어 있던 영화 극장, 영화 관련 설비 등의 영향으로 영화업계를 지칭하게 되었다는 사실을 어렵지 않게 유추할 수 있다. 바로 이러한 유추에 활용되는 지식 즉, 맥락적 의미를 도출하는 데에 다양한 경로로 동원되어 기여하는 지식을 인지적 보완소라고 한다.

> 기술적 번역과 문학 번역 두 경우 모두 의미가 번역문의 표현력을 결정한다
>
> Both in technical and in literary translation sense shapes the expressiveness of the target language.
>
> (Seleskovitch 1988:83)

셀레스코비치는 이와 같이 기술을 다루는 실용 텍스트이든 문학작품이든 결국 가장 중요한 것은 텍스트의 의미, 저자가 의도한 바를 전달하는 것이라고 주장함으로써 문학번역과 실용번역을 통합적으로 살펴보고자 했다. 문학 대 비문학, 문학 대 실용 등 그 기준이 어떤 것이 되든 기능이 다른 유형의 텍스트들을 번역하는 데에 있어서 구체적인 번역 방법과 전략이 다각화될 필요가 있다는 점은 번역을 업으로 삼는 실무 전문가, 그리고 그것을 연구하는 연구자들 모두에게 자못 분명해 보인다.

4) 영상 번역

영상번역이란 비디오나 영화, 드라마, 애니메이션, 다큐멘터리, 홍보영상 등 화면에 담긴 영상을 번역하는 것을 말한다. 화

면에 담긴다는 측면에서 screen translation 이라고도 하고 영상물을 통칭하는 film이라는 용어를 써서 film translation이라고도 하는데, 류현주(2008)는 인물의 대사, 나레이터의 서술, 음향 등 청각적 요소와 이미지, 영상이라는 시각적 요소가 결합되어 있으므로 시청각 번역(audiovisual translation)이라는 용어가 바람직하다는 의견을 제시하기도 했다.

영상은 종합예술이기 때문에 대사뿐 아니라 영상 속 화면, 인물의 몸짓, 말투, 배경음악 등이 종합적으로 상호 영향을 주면서 만들어진다. 따라서 영상 번역은 글로 쓰인 문서를 번역하는 작업과는 달리 하나의 영상을 통일적으로 이루어내는 데에 기여하는 이러한 다양한 변수들을 함께 고려해야 한다는 특성을 가진다. 영상 번역은 일반적으로 자막 번역과 더빙 번역으로 구분된다. 과거에는 외국영화를 한국 TV로 방영할 때 주로 한국인 성우들의 목소리를 빌어 더빙 처리를 했지만, 최근에는 원래 영상의 대사, 음향 등을 그대로 유지한 상황에서 자막으로 처리하는 경우가 늘고 있다.

• 자막 번역

자막 번역은 영상 속에서 음성 기호로 되어 있는 대사를 시각기호인 자막으로 전달하기 위한 번역이다. 관객들은 자막을 보면서 영상 속 인물들의 대사, 음악 등 음향 효과를 원작 그대로 경험할 수 있다. 관객 입장에서 보면 자막을 읽어 내려가야 하는 부가적 노력이 필요하지만 원작 영상이 가지고 있는 다양한 음향을 그대로 체험할 수 있다는 점에서 장점이 있다. 자막 번역은 길이로 인한 제약을 받는다. 자막을 길게 넣으면 영상을 보는 데에 오히려 방해가 되고 몰입도를 떨어뜨릴 수 있기 때문에 하나의 화면 안에 들어갈 수 있는 자수는 제한된다. 가로 자막과 세로 자막이 있는데 비디오의 경우 주로 가로 자막을, 영화의 경우 세로 자막을 쓴다. 가로 자막의 경우 일반적으로 한 줄에 16자씩 2줄, 세로 자막의 경우 한 줄에 8자씩 2줄을 넣을 수 있기 때문에 하나의 자막 당 길어야 16~30자 정도로 축약을 하게 된다.

자막에는 시간적 제약도 있다. 등장인물이 대사를 하는 동안 관객이 자막을 다 읽어낼 수 있도록 하기 위해서는 5~6초 정도의 시간이 필요하다. 즉, 화면 속에 등장한 자막은 적어도 5~6초 정도 띄워져 있다가 다른 자막으로 대체되어야 한다. 인물들 사이의 대화가 빠르게 교체되는 경우 자막을 띄우는 시간 역시 조정이 필요하고 이에 따라 자막의 길이 또한 더 짧게 변경될 수 있다.

이런 제약으로 인해 자막 번역에는 원문의 많은 부분이 생략되거나 축소되고 제한된 시공간 안에서 원문의 이해를 돕기 위해 더 명료하고 압축된 표현이 사용된다. 또, 관객의 반응을 효과적으로 이끌어내기 위해 관객들에게 친숙한 표현으로 바꾸어 주기도 한다. 그 예로 어린이들을 대상으로 한 영화에서 “정말 놀랐어!”라는 뜻의 영어대사를 “깜놀!”이라고 옮겨주거나, “머나먼 곳에서 온”이라는 표현을 “겁나 먼 데서 온”으로 옮겨주는 경우 등을 들 수 있다.

• 더빙 번역

더빙 번역은 영상 속에서 음성 기호로 되어 있는 대사를 다른 언어의 음성 기호로 덧입히는 더빙을 위한 번역을 말한다. 더빙을 통해 원작의 소리가 제거되기 때문에 관객들은 성우가 더빙한 대사를 중심으로 내용을 이해하게 된다. 자막 해독 능력이 떨어지는 아이들을 대상으로 한 애니메이션이나 폭넓은 시청자를 대상으로 하는 TV 영화 등에서 주로 활용된다.

대사가 성우의 더빙을 통해 전달되기 때문에 번역은 대사의 내용뿐 아니라 인물의 성격, 태도, 입 모양이나 호흡, 제스처 등을 고려해 화면 속 대사가 이루어지는 상황과 최대한 근접하게 이루어져야 한다. "I love you."라는 단순한 대사도 인물의 감정, 행동, 호흡 등 영상 속 상황에 따라 "사랑합니다."라는 평이한 말투로 옮겨질 수도 있고, "사랑한다구!"와 같은 감정적 대사로 바뀔 수도 있다. 자막 번역에서와 마찬가지로 시간적 제약도 있기 때문에 대사가 끝날 때 더빙도 같이 끝날 수 있도록 길이 조정이 필수적이다.

더빙 번역은 화면 속 인물들의 움직임과 대사가 이루어지는 상황을 모두 고려해야 하는 고난이도의 작업이다. 문화적 차이나 이질감이 크게 느껴질 수 있는 경우 일반적인 문서 번역에서는 텍스트 내에서 부가 설명을 넣거나 각주로 설명을 덧붙여서 해당 상황을 설명해줄 수 있지만 더빙 번역에서는 모든 것이 대사를 통해 해결되어야 한다. 결국 영상 속 다양한 상황에 대한 이해를 돕기 위해 적절한 설명을 대사 속에 녹아들게 해야 하고,

이를 위해서는 영상 속 문화 전반에 대한 깊이 있는 이해와 고도로 연마된 표현력이 요구된다.

"번역은 반역이다(Traduttore traditore)"라는 이탈리아 경구는 원문과 완벽하게 동일한 다른 쌍을 만드는 것이 가능하지 않은 상황에서 자칫 번역자가 반역자로 몰릴 수도 있는 현실을 잘 보여준다. 외화 번역을 전문으로 하는 영상번역가 함혜숙은 외화 번역에 대해 다양한 잣대로 이루어지는 관객들의 비판적 평가를 반역죄에 비유하며 다음과 같이 그 어려움을 토로하는데, 비단 영상 번역뿐 아니라 번역이라는 결과물에 대해 평가는 어떻게 이루어져야 하고 그에 대한 대응은 어떠해야 하는지에 대해 다시금 고민하게 한다.

> 어떤 작품이 1만 명의 독자를 가지고 있다면 그건 1만 개의 다른 책이 된다는 말이 있다. 영화 역시, 1만 명의 관객이 있다면, 1만 편의 다른 영화가 된다. 번역가도 관객 중 하나이므로 같은 원문도 번역가에 따라 다양한 자막으로 번역된다. 그런데 일부 관객은 번역에 하나의 정답만 있다고 믿는 듯하다. 직역주의를 고수하는 관객은 사전적 의미와 다르게 번역이 되면 틀렸다고 강하게 비판한다. (중략)
>
> 이렇듯, 영화사와 관객의 요구 사이에서 줄타기를 해야 하는 영상번역가는 매 순간 자기검열을 하게 된다. 기준이 모호한 자막 비평이 번역가에게 감시 및 억압 수단으로 작용하면 번역가는 안전하고 틀에 박힌 번역을 하게 될 것이다. 최근 급격하게 발전 중인 인공지능 번역기에게 영화 번역을 맡기면 관객들은 더 이상 배반당할 일 없을까. 원문을 100번 입력해도, 매번 똑같은 번역문을 내는 기계를 더 믿을 수 있을까.
>
> 영상에 비치는 캐릭터의 손짓 하나 몸짓 하나, 미세하게 떨리는 얼굴

표정은 기계가 아직 읽어낼 수 없다. 캐릭터의 미세한 감정까지 번역문에 담을 수 있는 건 인간만이 할 수 있는 일이다. 영상 번역가가 자기 확신을 갖고 창의성을 발휘할 수 있게 반역죄에 조금 관대해지면 어떨까. 반역죄의 경중을 따지지 않고 번역가들 목을 모조리 쳐낸다면, 감히 번역을 하겠다고 나서는 이가 없을 것이다[43].

5) 출판 번역

출판 번역은 도서 형태로 출판되는 서적의 번역을 말한다. 문학 작품 뿐 아니라 각종 교양 및 실용 서적, 종교 및 어학, 참고서 등을 총망라한다. 2015년도 전체 발행 종수(4만 5,213종) 가운데 번역서가 차지하는 비중은 21.5%(9,714종)로 전년도 21.8%(1만 396종)에 비해 소폭 감소했다. 분야별로는 문학(2457종), 만화(2033종), 아동(1374종) 순으로, 국가별로는 일본(4088종), 미국(2741종), 영국(752종), 프랑스(496종), 중국(480종), 독일(344종)순으로 번역 출간된 것으로 집계됐다[44].

외국 도서를 국내에서 번역, 출판하게 될 경우 그 경로는 크게 두 가지로 볼 수 있다. 첫 번째로 출판사에서 출판을 희망하는 도서를 미리 선정해서 번역사에게 의뢰하는 경우가 있고, 두 번째로는 번역사가 출판하기 원하는 도서를 출판사에 제안하는 경우다. 후자의 경우 일반적으로 번역사는 출판사에 도서의 일부를 번역해서 샘플로 제시하게 되며, 출판이 필요하다고 판단하는 근거나 시장성 등에 대한 제안서 제출을 추가적으로 요구받기도 한다.

출판 번역에서 고려해야할 중요한 사항 중 하나가 바로 저작권 문제이다. 외국 서적을 국내에서 출판하기 원할 때 가장 먼저 확인해야 할 것이 저작권이 유효한지를 알아보는 것이다. 즉, 아직 어떤 출판사에서도 저작권을 사지 않았는지, 아니면 이미 출판된 도서라 할지라도 통상 5년 동안 유지되는 출판 계약이 만료되어 저작권을 다시 살 수 있는 상황이 되었는지의 여부를 확인해야 한다. 우리나라는 1987년 세계저작권조약(UCC)에 가입했는데, 일부 대규모 출판사들을 제외하면 저작권 담당자를 따로 두지 않기 때문에 저작권은 주로 출판 저작권 에이전시를 통해 확보한다.

원문 저자의 저작권이 유효하고 출판사의 번역 출판 의사가 확인되면 저작권 에이전시는 저작권자와 출판사 사이의 이해관계를 조율하며 계약을 성사시킨다. 만약 저작권자가 특정 에이전시에 위임하지 않고 모든 출판사와 에이전시에 저작권을 개방하는 경우, 출판사들은 앞 다투어 선인세를 통해 저작권 확보에 열을 올리게 되는데, 이럴 경우 국내 출판사들끼리의 출혈 경쟁으로 인해 저작권료가 천정부지로 솟기도 한다.

무라카미 하루키의 『1Q84』, 『색채가 없는 다자키 쓰쿠루와 그가 순례를 떠난 해』와 같은 작품의 번역 판권이 이런 식의 무한경쟁 시스템 하에서 결정됐다. 여러 에이전시를 통해서 혹은 출판사들이 직접 제시한 여러 계약 액수 중 하루키의 저작권을 대행하는 에이전시가 판단하기에 가장 유리한 조건이 채택되었을 것으로 추정할 수 있는데, 정확히 얼마인지 알 수는 없지만 국내에서 하루키의 인지도를 고려하면 매우 높았을 것으로 짐작할 수 있다. 전자는 문학동네에서, 후자는 민음사에서 출판되었다[45].

번역료는 번역이 완료된 이후 번역원고를 기준으로 일괄적으로 지급하는 경우와 판매 부수에 따라 인세 방식으로 지불하는 경우가 있다. 번역량을 기준으로 하면 책이 얼마나 팔리든 그 판매 부수와는 관계없이 특정 금액을 한 번에 지급받게 되며, 인세 방식의 경우 판매되는 부수에 따라 번역사가 받는 번역료는 달라지게 된다.

일각에서는 선인세 관행과 번역료 지급, 그리고 번역 품질 사이의 상관관계를 지적하기도 한다. 출판사들이 저작권 확보를 위한 선인세 경쟁에 열을 올리느라 정작 국내 시장에서 인정받는 데에 가장 중요한 역할을 하는 번역에 대한 대우는 정당하게 해주지 못한다는 것이다. 책 한 권을 번역해도 받을 수 있는 번역료가 노동의 가치에 훨씬 미치지 못하는 상황이 반복되면, 역량 있는 번역사들이 출판 번역계에 계속 남아있지 못할 것이고, 그로 인해 출판 번역의 품질은 저하될 수밖에 없기 때문이다. 출판계에서 번역서가 차지하는 비중이 20%를 넘고, 베스트셀러 중에서 번역서의 비중이 70%에 육박하는 현실에서 출판 번역 시장이 질적으로 견고하게 발전을 이어가기 위해서는 책의 품질과 직결되는 번역의 중요성에 대한 인식 제고와 더불어 번역료의 현실화 등 번역 업무의 여건 개선을 위한 다양한 방안이 마련되어야 할 것이다.

5. 의사소통으로서의 통번역

앞서 2장에서 통역과 번역의 정의에 대해 살펴보았는데, 다른 언어 문화권에 속한 사람들이 서로를 이해하고 소통할 수 있게 하는 행위로서 통역과 번역은 이문화간 의사소통의 하나로 볼 수 있다.

1) 의사소통이란?

의사소통이란 사람들 사이에 생각이나 감정 등 정보를 서로 전달하고 교환하는 행위를 말한다. 의사소통을 뜻하는 영어 communication은 라틴어의 communis라는 표현에서 비롯된 것으로 누군가와 정보, 생각 등을 공유하는 것을 뜻한다. 실제 상황을 가정해보면 의사소통에는 일단 소통을 하고자 하는 당사자 즉, 메시지를 보내는 사람과 그 메시지를 전달 받는 사람이 있고, 보내지는 메시지가 있다. 메시지가 전달되는 방식도 다양해서 언어를 매개로 전달될 수도 있지만 몸짓, 표정, 목소리, 억양 등 비언어적 요소를 통해서도 전달이 가능하다. 여기에 메시지를 보내는 사람이 의도하는 의사소통의 효과가 무엇인가도 중요하다. 단순히 정보를 상대방에게 전달만 하면 되는 것인지,

아니면 본인의 정서, 감정 등을 표현하기를 원하는 것인지, 상대방을 설득해서 본인의 의견에 동조하게 만드는 것을 원하는지에 따라 메시지를 보내는 사람은 효율적인 메시지 전달 방식을 선택하게 된다.

미국의 정치과학자 라스웰(Lasswell, 1948)은 위 5가지 요소를 중심으로 커뮤니케이션을 정의했다. 그는 5W 즉, "누가 무엇을 어떤 채널을 통해 누구에게 말해 어떤 효과를 가져왔는가(who says what to whom in which channel with what effect)"로 의사소통 과정을 설명했는데, 커뮤니케이션이란 어떤 사람이(Source) 전달하고자 하는 내용을(Message) 적절한 수단으로(Channel) 상대방에게 전달해(Receiver) 일정한 반응(Effect)을 일으키는 과정의 반복이라는 것이다[46].

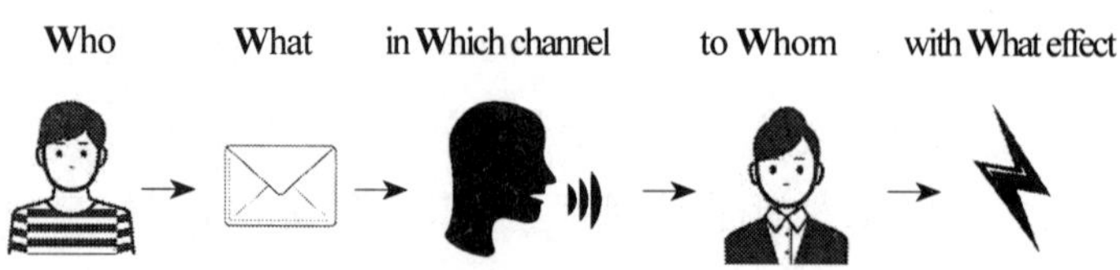

라스웰(Lasswell)의 5W

2) 통역과 번역, 그리고 의사소통

일반적인 의사소통 상황과 통역과 번역이 어떠한 공통점과 차이점이 있는지 살펴보자. 통역과 번역 상황에도 메시지를 보내는 사람이 있고, 전하고자 하는 메시지가 존재하며, 메시지 전달을 통해서 의도하는 효과도 있다. 그런데, 해당 메시지를 받는 사람과 메시지가 전달되는 방식에서는 차이가 생긴다. 통역과 번역 상황에서는 전혀 다른 언어 문화권의 청자와 독자가 메시지의 수신자가 되고, 메시지도 상이한 언어를 통해 전달된다.

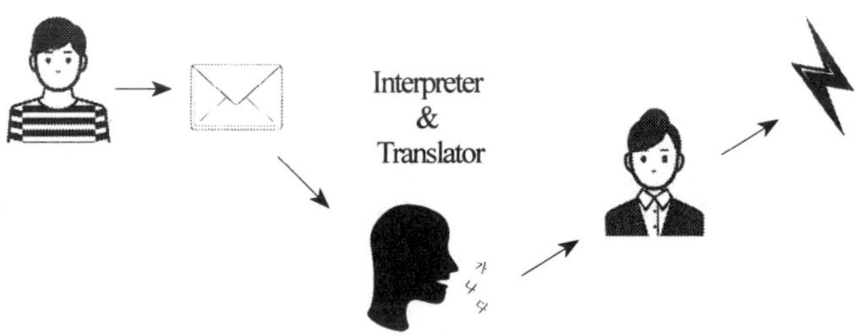

일반적 의사소통에서 메시지를 보내는 사람은 수신자와의 소통을 위해 서로가 공유하고 있는 여러 정보들을 이용하게 된다. 그런데, 전혀 다른 언어 문화권 구성원들로 수신자가 달라져 버리면 소통을 위해 사용된 정보는 무용지물이 될 수도 있는 것이다.

> 사람들을 붉은 색, 붉지 않은 색, 흰색, 갈색 등으로 구분하는 것은 정말 옳지 않습니다.

한 러시아 정치인은 정치적 성향에 따라 사람들을 이러저러한 부류로 분류하는 행위가 공정하지 않다는 말을 하려고 위와 같은 표현을 썼다. 러시아 청중들을 대상으로 한 연설이었고, 러시아 화자들은 붉은 색, 흰색, 갈색이라는 색채에 비유해서 이 정치인이 전달하고자 했던 메시지를 이해했다. 위 정치인의 메시지는 러시아어 화자들에게 다음과 같이 전달되었다.

> 사람들을 공산주의자, 비공산주의자, 왕정주의자, 파시스트 등으로 나누는 것은 정말 옳지 않습니다.

그런데 이 연설문이 한국어로 그대로 통역되거나 번역되는 경우 상황은 달라진다. 메시지의 수신자가 한국어 화자로 바뀌면서 이 색채가 가지고 있는 함의를 공유하지 못하는 한국어 화자들에게는 정치인이 주고자 했던 메시지가 전달되지 못하는 것이다. 정치인은 본인이 의도한 메시지 전달을 위해서 붉은 색과 흰색, 갈색이라는 색채 정보를 이용했고, 그 정보는 러시아 화자들을 대상으로 한 연설에서는 유효했다. 하지만, 해당 발화가 한국어를 매개로 한국어 화자들에게 옮겨졌을 때, 이 정보는 그저 물리적 색채의 종류로서 기능할 뿐 메시지 전달에 효율적으로 이용되지 못한다. 이 경우 통역과 번역이라는 의사소통은 성공적으로 이루어지지 못한다. 다시 말해서 러시아 정치인의 위와 같은 연설을 문자 그대로 옮겨준 통역이나 번역은 실패한 통역과 번역이 된다.

3) 공유된 지식 vs. 공유되지 않은 지식

위 발화에서 붉은 색이 함축적으로 공산주의자를 의미할 것이라는 사실은 한국어 화자들도 어렵지 않게 유추할 수 있다. 전 세계적으로 공산주의를 표방했던 국가들이 국기나 여러 상징에 붉은 색을 사용했고, 한국에서도 공산주의자들을 '빨갱이'로 지칭하는 언어적 관습이 있기 때문이다. 붉지 않은 색 역시 이에 비추어 공산주의와 반대되는 성향, 즉, 비공산주의자와 연결될 수 있다. 이런 추론이 가능한 것은 붉은 색을 공산주의와 연결시킬 수 있게 하는 위와 같은 지식을 한국어 화자들도 공유하고 있기 때문이다.

그런데 흰색과 갈색으로 갈수록 상황이 복잡해진다. 해당 정치인이 흰색을 통해 말하려 했던 것은 왕정주의자이며, 갈색은 파시스트이다. 여기에는 러시아어 화자들이 공유하고 있는 사회문화적 체험이 개입된다. 흰색은 전통적으로 러시아의 황제 차르의 색을 의미하는 붉은색, 금색, 백색 중 하나로 과거에는 귀족이나 높은 직급의 사람들만이 입을 수 있는 옷의 색깔이었다. 과거 공산주의 혁명이 일어났을 당시 혁명을 주창하던 '적군'에 반대해서 제정 러시아시대의 왕정을 다시 복귀시키고자 했던 세력을 '백군'으로 칭했는데 이런 역사적 배경을 토대로 흰색은 '왕정주의자' 혹은 '반동'의 의미를 가지게 되었다. 또, 2차 대전 당시 파시스트들이 갈색으로 된 제복을 입고 다녔는데, 이러한 사실에서 연유해서 정치적으로 갈색은 '파시스트'라는 의미로도 쓰이게 되었다[47].

한국어 화자들이 붉은 색을 공산주의자로, 붉지 않은 색을 비공산주의자로 유추할 수 있었다면 그것은 붉은 색과 공산주의를 연결 지을 수 있게 하는 지식 즉, 역사적 사실이나 사회에서의 구체적 체험을 토대로 붉은 색이 공산주의를 의미할 수도 있다는 사실이 한국어 화자들에게도 공유되어 있었기 때문이다. 역으로 흰색을 왕정주의자와, 갈색을 파시스트와 연결시킬 수 없었던 이유는 러시아 사회, 문화 속에서 구성원들이 공동의 경험과 체험을 통해 체득한 지식을 한국어 화자들은 가지지 못했기 때문이다.

4) 배경지식((background knowledge), 스키마(schema), 틀(frame)

특정 언어 문화권에서 태어나 자라면서 자연스럽게 혹은 노력을 통해 체득한 사회, 역사, 문화적 경험은 해당 사회 구성원들의 의사소통, 타자 및 세계에 대한 해석에 영향을 미친다. 이렇게 구성원 공통의 체험과 경험을 바탕으로 만들어진 개념적,

정서적 지식의 총체를 배경지식(background knowledge)[48]이라고 한다. 르데레르(Lederer, 1994)는 영어의 세계지식, 백과사전적 지식에 해당하는 지식 즉, 체험, 언어, 사색을 통해 얻은 지식의 총체를 인지적 축적물(bagage cognitif)라는 용어로 표현하는데, 통역이나 번역을 하기 위해서는 반드시 이러한 인지적 요소의 도움을 받을 수밖에 없다고 말한다.

배경지식, 인지적 축적물 등은 동일한 언어 문화권 구성원들이 공유하는 문화적 관계, 경험, 세상에 대한 믿음, 일을 수행하는 표준적인 방식, 사물을 이해하는 방식[49] 등을 포괄하는 용어로서 스키마(schema)[50], 틀(frame)[51]과 같은 맥락에서 이해할 수 있다. 배경지식, 인지적 축적물, 틀, 스키마 등은 기억 속에 편파적으로 간직된 것이 아닌 체계적, 조직적으로 저장되어 있는 지식의 구조를 의미하며 단순한 언어적 지식뿐만 아니라 경험을 통해 획득한 세상 지식을 모두 포함하는 개념이다[52].

인생은 여행이다.

위의 표현을 예로 들어보자. 우리가 살아가는 인생을 여행에 빗대어 표현하고 이해하고자 하는 은유적 표현이다. 인생을 여행이라고 할 때 우리는 두 가지가 어떤 점에서 공통점을 가지고 있는지를 떠올리게 된다. 여행을 떠나는 것처럼 우리도 태어나 인생을 시작하고, 여행에서 다양한 경로를 경험하는 것처럼 우리의 인생도 이리로 혹은 저리로 가기도 한다. 여행을 하다가 생각지도 못하게 암초에 부딪힐 수 있는 것처럼 인생에서 우리는 계획에 없던 고초를 겪기도 한다. 레이코프 & 터너(Lakoff & Turner, 1989)는 인생을 여행으로 이해한다는 것은 의식적이든 무의식적이든 여행하는 사람과 인생을 살고 있는 사람, 여행의 노정과 인생의 행로, 여행에서의 출발지점과 사람의 탄생시간 등의 대응 관계를 마음 속으로 그린다고 설명한다. 여행에 대해 생각할 때 우리는 자연스레 여행자, 출발점, 경로, 장애 등과 같이 잘 세분화된 요소들을 떠올리게 되는데, 이렇게 골격의 형태로 구조화된 지식이 바로 스키마이다.

"인생은 여행이다."라는 표현을 할 때 우리는 여행이라는 스키마의 구조를 인생의 영역에 비추고, 여행자와 생활자, 출발지점과 탄생 간에 적절한 대응 관계를 세우는 방식으로 이해한다. 중요한 것은 일단 습득된 스키마는 재차 학습하거나 내용을 갱신할 필요 없이 관습화, 자동화되어서 무의식적으로 사용하게 된다는 것이며, 이것이 바로 스키마가 갖는 힘이다[53].

이러한 스키마, 틀 등은 어느 문화권에든 공통적으로 존재하는 보편적인 것과 특정 사회와 문화에 특수적인 것이 있다. 필모어(Fillmore, 1982)는 틀을 생득적인 것과 학습되는 것으로 구분해 설명한다. 인간이 태어나면서 가지게 되는 보편적 사고능력의 일부로서 알게 되는 것이 전자라면, 후자는 언어 사용자가 자신이 속한 언어문화집단 내에서 언어 습득과 사회화 과정을 통해 그 집단의 사고방식과 언어사용방식을 내재화하는 과정에서 학습에 의해서 체득되는 것으로, 사회적 틀, 사회역사적 틀, 문화적인 틀로 세분화될 수 있다[54].

그는 돼지다.

인생을 여행으로 이해할 때 자연스레 여행이 가지고 있는 스키마를 인생에 대입했듯이, 위와 같은 말을 듣고 우리는 돼지가 가지고 있는 스키마를 그에게 적용시키게 된다. 그런데 여기서 문제가 되는 것은 돼지라는 동물이 경험적, 체험적으로 체계화되어 있는 방식, 즉, 돼지라는 스키마가 문화권에 따라 다르게 만들어져 있을 수 있다는 것이다.

랄슨(Larson, 1984)은 사람을 돼지에 빗대어 설명할 때 어떤 문화권에서는 '더럽다'는 이미지를 떠올리기도 하고, 다른 문화권에서는 '대식가'라는 의미를 연결하기도 하며, 또 다른 문화권에서는 '사람들 말을 잘 듣지 않는 성질'을 의미할 수도 있다는 점을 통역, 번역과 연관시켜 설명했다. '그'와 '돼지'가 어떤 점에서 유사성(point of similarity)을 가지는지가 함축적이며 문화권에 따라 달라질 수 있어서 통역이나 번역을 할 때 문제가 될 수 있다는 것이다. '인생은 여행이다'에서 여행이 가지고 있는 스키마는 생득적이고 보편적인 특성을 가지고 있어서 다른 언어로 그대로 옮겨진다 해도 소통에 큰 무리가 없지만, '그는 돼지다'에서 돼지가 가지고 있는 스키마는 사회 문화 특수적이어서 문자적 의미 그대로 전달했을 경우 메시지를 받는 수신자의 오해를 불러일으킬 수 있다.

흰색과 갈색이라는 색채가 사람들이 가지고 있는 정치적 성향이라는 맥락에서 주어지는 경우, 러시아어권 화자들은 공산주의 혁명 이전과 이후, 2차 세계대전 당시의 러시아가 처했던 역사적, 사회적 상황이 자연스럽게 혹은 노력의 결과로 저장되어 있는 지식체계를 통해 왕정주의자, 파시스트라는 의미를 도출할 수 있다. 하지만, 그러한 공동의 체험과 경험을 가지고 있지 못한 한국어 화자들은 해당 발화에 함축된 의미를 이해하지 못해 해당 러시아 정치인과의 의사소통이 불가능해지는 것이다.

5) 협력의 원리(cooperative principle)와 대화의 격률(conversational maxims)

의사소통에 참여하는 사람들은 암묵적으로 상대와 나의 협력을 전제한다. 즉, 내가 이야기를 하면 상대는 나의 말을 성심껏 들어줄 것이라는 믿음을 가지고 대화에 임하게 된다. 그라이스(Grice, 1975)는 의사소통에 참여하는 사람들이 기본적으로 대화를 전개하기 위해 협력을 할 준비가 되어 있다고 전제하고 협력의 원리를 다음과 같이 설명한다.

> 참여한 대화의 방향이나 목적에 따라 대화가 진행되는 단계에서 요구되는 만큼 대화에 기여하라
>
> Make your contribution such as it is required, at the stage at which it occurs, by the accepted purpose or direction of the talk exchange in which you are engaged.
>
> (Grice, 1975:45)

참여자들은 대화를 이어가면서 대화의 방향과 목적을 인식하고 그에 맞추어서 대화에 기여하려는 노력을 해야 한다는 것이다. 협력의 원리는 대화의 4대 격률로 구체적으로 제시되었다.

① 양의 격률 : 필요한 만큼의 정보를 제공하고 필요 이상으로 제공하지 마라.
② 질의 격률 : 거짓이라고 믿는 것은 말하지 말고 증거가 없는 것도 말하지 마라.
③ 관계의 격률 : 관련성이 있게 말하라.
④ 양태의 격률 : 모호한 표현이나 애매한 중의적 표현은 피하고 간결하고 조리 있게 말하라.

위의 격률을 종합해보면 대화를 할 때 메시지를 이해하는 데에 필요한 만큼만 말하고, 거짓말이나 근거 없는 이야기를 해서는 안되며, 대화 주제와 관련 있는 이야기를 해야 하며 명확하고 간결하게, 그리고 조리 있게 말해야 한다는 것이다. 일상생활에서 위 격률들은 지켜지지 않는 경우가 많다. 누군가 질문을 했을 때 필요한 답을 제시하지 않고 무성의하게 임하거나 반대로 지나치게 길게 답변하는 경우, 근거 없는 낭설을 퍼뜨리는 경우, 대화와 상관없는 엉뚱한 말을 하는 경우, 확실하게 의사표현을 하지 않고 뭉뚱그려서 에둘러 말하는 경우 등 다양하다.

그라이스가 제시한 협력의 원리와 대화의 격률은 의사소통에 참여하는 사람들이 응당 지켜야 하는 원칙이기도 하지만, 오히려 그것이 의도적으로 지켜지지 않는 경우에 발생하는 대화 함축을 설명하는 데에 유용하다. 의도적으로 화자가 위의 격률을 위반했을 때에는 분명 그 위반을 통해 얻고자 하는 다른 의미가 있다는 것이다. 대화 함축이란 형식적으로는 협력의 원리가 지켜지지 않는 것처럼 보이지만 대화 참여자가 협력하고 있다고 가정할 때 발생하는 숨겨진 의미이다[55].

6) 대화 함축과 추론

앞서 지적했듯이 의사소통에서 가장 중요한 것은 메시지의 전달이다. 송신자가 전달하고자 하는 메시지를 성공적으로 수신자가 이해하고 의도한 정보, 의견이 교환되면 그 의사소통은 성공적이 된다. 메시지가 전달되는 수단은 언어일 수도 언어가 아닐 수도 있는데, 언어를 사용해 메시지를 전달하는 경우에도 문자적 의미가 그대로 전달될 때도 있고 그것과는 다른 의미가 전달될 때도 있다. 다시 말하면 메시지의 송신자가 언어적 수단을 이용해 메시지를 전달할 때 언어가 가지고 있는 명시적 의미를 그대로 전달할 수도 있지만, 문자 그대로의 의미와는 다른 정보를 전달할 때도 있다는 것이다.

민수: 철수야, 컴퓨터가 고장났는데 지금 좀 고쳐줄래?
철수: 나 10시에 약속 있어.

위 대화는 그라이스의 대화 격률 중 관련성의 격률을 위반한 사례에 속한다. 컴퓨터를 고쳐달라는 민수의 말에 철수는 그와 관련이 없는 10시에 약속이 있다는 엉뚱한 대답을 했기 때문이다. 그런데 시계를 보고 9시 20분이라는 시각을 확인한 민수는 철수의 대답을 듣고 컴퓨터 고치는 일을 나중으로 미룬다.

일반적으로 컴퓨터를 고쳐달라는 말에 대해서는 고쳐주겠다, 혹은 고쳐주지 못한다는 긍정 혹은 부정의 답을 하게 마련이다. 그런데 철수는 10시에 약속이 있다는 엉뚱한 말을 했고, 민수는 그런 철수의 말을 듣고 지금 컴퓨터를 고칠 수 없는 상황이라는 사실을 도출해낸다. 철수의 "나 10시에 약속 있어"라는 말은 문자 그대로의 의미대로 10시에 약속이 있다는 사실을 알리는 역할보다 '컴퓨터를 고칠 수 없다'라는 함축적 메시지를 전달하는 데 활용되었고 철수가 의도한 메시지는 민수에게 전달되어 커뮤니케이션은 성공적으로 이루어졌다. 여기서 메시지의 송신자 철수는 의도적으로 관련성의 격률을 위반함으로써 문자적 의미가 아닌 함축적 의미 즉, 컴퓨터를 고치지 못한다는 거절의 의미와 그 이유까지 함께 전달한 것이다.

그럼 왜 철수는 문자 그대로 '컴퓨터를 고칠 수 없다'는 정보를 전달하지 않고 10시에 약속이 있다는 말로 에둘러 표현했을까. 여기에는 경제성의 원리와 공손성의 원리가 작용한다. 만약 철수가 민수의 부탁에 "아니, 고칠 수 없어."라고 답하면 그에 대해 민수는 "왜?"라고 이유를 묻게 될 것이고, 그에 대해 철수는 다시 "10시에 약속이 있다"는 말을 하게 될 것이다. 이렇게 되면

대화의 교대가 늘어 비효율적이 되는 것이다. 의사소통은 기본적으로 경제성을 원칙으로 한다. 메시지의 송신자가 수신자에게 일일이 모든 정보를 외연적으로 전달하기 보다는 수신자가 원래 가지고 있던 지식에 근거해 송신자의 메시지를 추론할 수 있도록 그에 필요한 만큼의 최소한의 정보를 전달하게 된다는 것이다.

"나 10시에 약속이 있어."라는 대답은 공손성의 측면에서도 이해할 수 있다. 컴퓨터를 고쳐달라는 민수의 부탁에 대해 "안돼."라고 직접적으로 거절을 할 경우 부탁을 한 민수가 무안해할 수 있기 때문에 민수의 체면을 위협하지 않기 위해 간접적이고 우회적인 방법으로 거절 의사를 표한 것이다.

철수의 대답에서 컴퓨터를 고칠 수 없다는 메시지를 이끌어낸 것은 추론의 힘이다. 추론은 어떤 판단을 근거로 삼아 다른 판단을 이끌어내는 것을 말한다. 새롭게 보거나 들은 정보를 원래 가지고 있던 지식과 결합시켜서 그 두 가지와는 다른 결론을 도출하는 것이다. 위의 경우 새롭게 들은 것은 '철수는 10시에 약속이 있다'는 것, 새로 본 것은 지금은 9시 20분이라는 정보이다. 원래 가지고 있던 지식은 '컴퓨터 고치는 데에 시간이 오래 걸린다'는 것이다. 즉, 컴퓨터 고치는 데에 시간이 오래 걸린다는 이전 지식에 지금은 9시 20분이고 철수는 10시에 약속이 있다는 새로운 정보가 결합되어 '철수는 지금 컴퓨터를 고칠 수 없다'는 정보가 도출된 것이다.

여기서 원래 가지고 있던 지식을 다른 말로 맥락(context)이라고 할 수 있다. 맥락이란 발화를 해석하는 데에 사용되는 전제의 집합으로 당장의 물리적 환경이나 발화에 대한 정보에 국한되지 않고 미래, 과학적 가정, 종교적 신념, 일화에 대한 기억, 일반적인 문화적 가설, 화자의 정신적 상태에 대한 생각 등을 다 포함한다[56].

이러한 대화 함축과 추론이 통역과 번역 상황과는 어떤 연관성이 있을까. 함축된 의미를 추론하는 데에 활용되는 맥락이 언어 문화권에 따라 다를 수 있기 때문이다. 여기서의 맥락은 앞서 언급했던 배경지식, 인지적 축적물, 스키마, 틀과 같은 선상에서 이해할 수 있다. 명시적으로 표현된 의미, 문자 그대로의 의미가 아니라 함의를 이해하려면 그것을 추론할 수 있게 하는 기본적 지식 체계가 있어야 한다. 통역이나 번역의 경우 메시지 송신자가 의도했던 수신자가 아닌 다른 수신자에게 메시지가 전달되어야 하는데, 수신자가 자신의 발화를 이해하는 데에 필요한 정도의 지식을 가지고 있을 것이라는 전제 하에 이루어진 송신자의 발화는 상이한 지식 체계를 가지고 있는 다른 언어 문화권 화자들에게 제대로 이해되지 못할 수도 있는 것이다. 함축적인 의미를 전달하는 데에 있어서 제기되는 어려움을 클라크 & 마샬(Clark & Marshall)은 다음과 같이 설명한다.

원문은 원문 독자를 대상으로 쓰였기 때문에 화자는 일부의 정보를 함축적으로 남겨둘 수가 있다. 번역문 독자들은 원문 화자와 독자들 사이에 공유되어 있는 지식을 자동적으로 가정할 수 없으므로 번역

> 사는 지식의 중개자로서 이렇게 부족한 배경지식을 염두에 둘 것인지, 염두에 둔다면 어떤 방법을 쓸 것인지를 결정해야 한다.
>
> (Clark and Marshall 1981, Schäffner: 130에서 인용)

"그는 돼지다."라는 발화가 가지고 있는 의미를 이해하려면 해당 언어 문화권 내에서 돼지가 어떻게 구조화되어 있는지를 알아야 하는 것과 마찬가지다. 상이한 언어로 이루어지는 의사소통 상황에서는 메시지 수신자가 달라지고, 그것을 전달하는 매체도 달라지기 때문에 통역사와 번역사는 메시지 송신자가 의도한 함축적 의미를 정확하게 이해하고 그것을 메시지 수신자가 이해할 수 있는 적절한 방식으로 전달해줄 수 있어야 한다.

7) 성공적인 의사소통, 통역과 번역

그렇다면 러시아 정치인의 사례로 다시 돌아가 보자. 그가 했던 색채 발화를 성공적으로 통역, 번역하려면 어떤 방법을 쓸 수 있을까. 문자적 의미 그대로 옮겨주어서는 메시지가 제대로 전달되지 않으리라는 것은 이미 주지의 사실이다. 첫 번째, 붉은색, 붉지 않은 색, 흰색과 갈색을 그대로 옮겨주고 거기에 각주나 미주 등 주석을 통해 부가적인 설명을 덧붙이는 방법이다.

> 사람들을 붉은 색, 붉지 않은 색, 흰색, 갈색* 등으로 구분하는 것은 정말 옳지 않습니다.
>
> * 붉은 색은 공산주의자, 붉지 않은 색은 비공산주의자, 흰색은 왕정복고주의자, 갈색은 파시스트를 말한다.

대상 독자층에 따라 혹은 해당 표현이 가지고 있는 기능에 따라 부가 설명은 다음과 같이 길어질 수도 있다.

> 사람들을 붉은 색, 붉지 않은 색, 흰색, 갈색* 등으로 구분하는 것은 정말 옳지 않습니다.
>
> * 붉은 색은 공산주의자를, 붉지 않은 색은 비공산주의자를 의미한다. 흰색은 전통적으로 러시아의 황제 차르의 색을 의미하는 붉은색, 금색, 백색 중 하나로 과거에는 귀족이나 높은 직급의 사람들만이 입을 수 있는 옷의 색깔이었다. 과거 공산주의 혁명이 일어났을 당시 혁명을 주창하던 '적군'에 반대해서 제정 러시아시대의 왕정을 다시 복귀시키고자 했던 세력을 '백군'으로 칭했는데 이런 역사적 배경을 토대로 흰색은 '왕정주의자' 혹은 '반동'의 의미를 가지게 되었다. 2차 대전 당시 파시스트들이 갈색으로 된 제복을 입고 다녔는데, 이러한 사실에서 연유해서 정치적으로 갈색은 '파시스트'라는 의미로 쓰이게 되었다

텍스트 유형에 따라 주석을 덧붙일 수 있는지의 여부도 달라진다. 일반적으로 서적의 형태로 출판되는 번역의 경우 필요하다고 여겨지는 경우 각주나 미주를 붙일 수 있지만, 해당 연설이 신문이나 매체에 게재되는 경우 그런 여유 공간은 거의 없다고

볼 수 있다. 게다가 번역이 아니라 통역되는 상황이라면 더더욱 위와 같은 부가설명 첨가의 방법은 사용될 수 없다.

두 번째 방법은 아래의 경우처럼 러시아 청중들이 해당 연설을 듣고 도출했을 함축적 의미를 모두 외연적으로 드러내주는 것이다.

> 사람들을 공산주의자, 비공산주의자, 왕정주의자, 파시스트 등으로 나누는 것은 정말 옳지 않습니다.

이렇게 붉은 색을 공산주의자로, 붉지 않은 색을 비공산주의자로, 흰색을 왕정주의자로, 갈색을 파시스트로 대체해주면 메시지 전달이라는 측면에서는 큰 손실이 없다고 볼 수 있다. 그리고 각주나 여타 설명을 덧붙일 시간적, 공간적 여유가 없는 통역의 경우 가장 적절하게 이용될 수 있는 방법이기도 하다.

하지만, 이 경우 러시아 정치인이 붉은 색, 흰색, 갈색이라는 색채를 은유적으로 대비시켜 표현하고자 했던 효과는 전달되지 못한다. 공산주의자, 왕정주의자, 파시스트 등의 표현을 쓸 수 있음에도 불구하고 원문의 화자가 굳이 여러 색채를 빗대어 표현했다면, 그를 통해 얻고자 했던 의사소통의 효과가 분명 있었을 것이다. "내 사랑은 아름답다"보다 "내 사랑은 만발한 꽃다발이다"라고 표현하면 내 사랑이 가지고 있는 여러 가지 특성 즉, 풍요로움, 달콤함, 섬세함, 아름답지만 빨리 시들 수도 있음 등 더 다양하고 풍부한 정보를 제공할 수 있는 것과 같다. 붉은 색과 흰색, 갈색의 대비는 공산주의자, 왕정주의자, 파시스트의 조합보다 더 생생하고 간결하며 친근감을 주기 때문이다.

세 번째 방법은 원문의 색채를 유지해주면서 각주나 미주가 아닌 발화 안에서 부가 설명을 덧붙여주는 것이다.

> 사람들을 공산주의를 뜻하는 붉은 색, 비공산주의라는 뜻의 붉지 않은 색, 왕정주의자를 뜻하는 흰색, 파시스트라는 뜻의 갈색 등으로 구분하는 것은 정말 옳지 않습니다.

위의 경우 색채의 대비를 통해서 전달하고자 했던 생생함, 간결함 등을 유지하면서 그것이 가지고 있는 함의를 외연화 시켜 주었다고 볼 수 있다. 각주를 붙일 수 없는 텍스트 유형의 번역이나 부가적 정보를 넣어줄 수 있을 정도로 시간적 여유가 있는 통역에서 활용될 수 있는 방법이다. 화자의 발화를 2~4초 정도의 시차를 두고 따라가야 하는 동시통역과 같은 상황에서는 짧은 정보라 할지라도 그것이 덧붙여짐으로 인해 발생하는 시차를 해결해야 하므로 이와 같은 방법을 적극적으로 활용하기에는 제약이 있다.

상이한 언어 문화권 사이의 의사소통을 중개하는 역할을 담당하는 통역사와 번역사는 통역과 번역 과정에서 원문의 청자와 독자, 번역문의 청자와 독자가 가지고 있는 지식 체계의 간극을 극복하고 성공적인 소통을 가능하게 하기 위해 다양한 방법을 강구한다. 위 대안 중 어느 것이 바람직한지에 대한 정답은 없다. 다만, 통역사와 번역사는 상이한 언어를 매개로 전달되는 메시지가 송신자가 의도한 대로 전달될 수 있도록, 그리고 수신자가 달라지면서 생기게 된 공유된 지식의 차이를 극복할 수 있도록 매 상황에 가장 적절하다고 판단되는 선택과 결정을 내려야 한다.

통역과 번역을 하기 위해서는 양 언어와 문화에 대한 지식과 더불어 해당 분야에 대한 전문화된 주제지식과 폭넓은 배경지식을 보유하고 있어야 하는데, 거기에 통역과 번역이 이루어지는 상황마다 어떤 부분을 우선적으로 고려하고 무엇을 중시할 것인지에 대한 선택과 결정을 할 수 있는 능력이 반드시 필요하다.

6. 번역은 반역이다(Traduttore traditore)?

번역은 단순히 하나의 코드를 다른 코드로 전환하는 활동이 아니라 역동적인 이문화권 사이의 의사소통이다. 번역 과정에서 번역사는 서로 다른 경험적 지식체계를 가지고 있는 원문과 번역문 독자 사이의 언어적, 문화적 차이를 메워주기 위해서 무엇을 유지하고 무엇을 바꾸어줄 것인지를 선택하고 결정하게 된다. 이러한 선택이 잘못되었을 경우 번역이 반역이 되고 번역자가 반역자가 될 수 있는데 이러한 번역과 반역의 경계에서 전통적으로 제시되어 온 개념은 충실성과 가독성이다. 충실성과 가독성 논란은 번역학에서 등가의 개념으로 대체되어 확장, 발전되어왔고 번역사의 개입과 역할, 창조성 등 다양한 관점에서 연구되었다.

본 장에서는 전통적인 번역과 반역의 논쟁에 있어서 핵심이 되는 충실성과 가독성 개념을 번역학에서 주요하게 연구되는 등가와 번역사 역할, 창조성 등과의 연관선상에서 살펴보고, 번역과 문화가 어떠한 관계를 가지고 있는지를 알아보고자 한다.[57]

1) 충실성

Traduttore traditore라는 이탈리아 경구에서 비롯된 '번역은 반역' 논쟁의 중심에는 번역문이 원문에 충실한가, 번역문을 통해 원문 고유의 특성이 잘 드러나는가의 문제 즉, 충실성(faithfulness 혹은 fidelity)의 문제가 자리하고 있다. 충실한 번역은 "원문의 의미를 전달하고 그 정신을 성공적으로 소통하게 하면서 원문에 강하게 닮아있는 번역"을 뜻한다(Shuttleworth & Cowie, 1997: 57). 전통적으로 충실성은 번역 품질 평가의 기본적이고 일반적인 기준이 되었고 주로 성서 번역가들에 의해 빈번히 사용되어 왔다.

포포비치(Popovič, 1970)는 충실성을 번역사가 원문에 대한 변화(shift)[58]를 시도할 때 그것을 정당화하는 기제로서 사용하였다. 그는 번역사가 번역을 하면서 변화를 시도하는 것은 단순히 무엇인가를 바꾸기 위해서가 아니라 번역문을 가능한 충실하게 재생산하고 하나의 유기적 총체로서 통일성을 담보하기 위해서라고 강조하면서 충실성에 대해 언급하였다. 즉, 번역의 매 순간 번역사가 무엇을 유지할 것인가 혹은 무엇을 바꾸어줄 것인가를 판단할 때 그 기준이 되는 것이 충실한 재생산이라는 것이다.

충실성은 일반적으로 번역문이 원문을 토대로 만들어진 것이고 태생적으로 원문의 존재에 의해 만들어진 텍스트로서 원문을 닮아있어야 하는 특성, 당위성을 의미한다. 그러나 무엇에 대한 충실성인가에 대한 규정과 경계가 모호하다는 점에서 원문에 대한 관계는 번역학에서 등가(equivalence)의 개념으로 대체,

심화되었고 충실성 개념 자체도 시간이 지나면서 단순히 원문에 대한 충실성뿐 아니라 번역문 그리고 더 나아가 번역문의 독자들에게도 충실해야 한다는 방향으로 확장, 발전되었다.

2) 가독성

이러한 충실성과 밀접한 관련을 가지는 또 하나의 개념이 가독성(readability)이다. 원문에 충실함과 동시에 번역문은 독자가 쉽게 읽어 내려갈 수 있도록 쓰여야 한다는 것이다. 가독성이란 문어텍스트를 독자가 얼마나 용이하게 읽어낼 수 있는가를 가리키는 것[59]으로 번역문이 원문의 형식적 측면에 지나치게 얽매여서 자연스럽지 못한 표현으로 구성되어 있을 경우 번역문의 독자는 모국어로 된 텍스트를 읽는 것과 같은 자연스러움을 느낄 수 없고 결과적으로 원문이 원문 독자들에게 전달해줄 수 있는 의미, 문체적 효과를 번역문이 번역문 독자에게 제시해줄 수 없게 되는 것이다.

가독성의 문제는 번역문이 그 독자들과 문화 내에서 완결된 텍스트로서 수용되어 기능할 수 있는가와 관련되어 있어서 흔히 언어 간섭이나 번역투(translationese), 포자미(faux ami) 현상과 연관선상에서 제기된다. 언어 간섭이란 원문의 언어적 특성이 번역문에 영향을 미치는 것을 의미한다. 주로 원문 언어의 흔적이 번역문에 부적절하게 반영되거나 번역사가 지나치게 원문의 특성에 의존함으로써 자연스럽지 못한, 때로는 이해할 수 없는 번역문을 생산할 때 생기는 문제를 말한다. 뉴마크(Newmark, 1991)는 번역에서의 간섭현상을 통사 구조, 어휘, 관용구, 은유, 어순 상에서 나타나는 협의의 간섭과 문장 길이, 구두점, 고유명사, 신조어, 문화어휘 등 차원에서 나타나는 광의의 간섭으로 나누고 번역에서의 간섭은 번역문 언어를 더욱 풍요롭게 하는 순효과도 가지고 있다는 점을 지적하였다.

포자미는 거짓 친구(false friends)를 뜻하는 프랑스어 표현으로 같거나 유사한 외형을 가지고 있으나 언어에 따라 그 의미는 다르게 나타나는 경우를 말한다. 영어의 assist(돕다) sensible(분별있는)은 프랑스어의 assister(참석하다), sensible(예민한)과는 다른 뜻을 가지는데 단어 외형상의 유사성으로 인해 둘 사이를 1대1 대응시키면 의미가 왜곡되는 동시에 번역문이 자연스럽게 읽히지 않게 된다.

3) 번역 논쟁

번역과 반역의 역사, 번역 논쟁에서 충실성과 가독성의 상관관계는 중심적인 역할을 하였다. 쓰지 유미(2001)는 번역의 역사를 다루면서 역사 속 중요한 역할을 했던 번역사들의 이야기에 많은 지면을 할애하여 소개하였는데, 프랑스 산문의 아버지로 불리며 르네상스 문학의 최고 걸작이라고 일컬어지는 번역을 탄생시킨 16세기 대표적 번역사 자크 아미요에 대한 논쟁을 대표적으로 꼽을 수 있다.

아미요는 그리스의 역사가 플루타르코스의 『영웅전』, 『윤리론집』, 헬리오도로스의 『에디오피아 이야기』 등을 완벽하게 16세기 프랑스어로 번역, 프랑스 산문을 예술의 경지로 끌어올리고 석학들조차 어려워하는 고전을 일반인들이 쉽게 읽고 접할 수 있도록 만들었다는 평가를 받는 위대한 프랑스의 번역가이다. 그러나 아미요의 사후 그의 후배들은 문체적으로 결함이 있고 심지어 원문의 의미를 완전히 왜곡한 오역이 2000개도 넘는다며 신뢰할 수 없는 번역이라고 비판을 가했다.

일반적으로 그의 번역에 제기되었던 문제가 바로 충실성보다 가독성을 더 우위에 두었다는 것이다. 독자가 알기 쉽게 옮기겠다는 욕심으로 애매한 대목을 외연화 시키거나, 설명을 해주기 위해 본문에 없는 내용을 첨가하기도 하였다는 점이다. 그러나 그럼에도 불구하고 자크 아미요에 대한 후세 번역사 전문가들의 평가는 압도적으로 긍정적이었는데, 이는 르네상스 사람들이 아미요의 번역을 통해 그리스 고전에서 읽어내려 했던 것이 고대에 대한 학식보다는 구체적 교훈이었고, 아미요의 번역이 그 기대에 부응했기 때문으로 풀이되었다.

충실성과 가독성에 대한 이와 같은 논쟁은 현재 시점에도 역동적으로 진행되고 있다. 박상익(2006)은 프랑스 소설가 안나 가발다의 『나는 그녀를 사랑했네』의 번역에 대한 논쟁을 예로 들면서 번역작업에서 충실성과 가독성을 모두 충족시키는 것이 가장 어려운 일임을 토로하였다. 프랑스어 번역가 백선희는 이세욱의 『나는 그녀를 사랑했네』 번역에 대해 '첨언'이 지나치게 많아 원작의 느낌을 훼손했다고 비판했고 이에 대해 이세욱은 각각의 항목에 대해 근거를 덧붙여 백선희의 지적에 대한 반박을 담은 답신을 보냈다.

그 중 하나를 예로 들어보면, "나는 면이 알맞게 익었는지 씹어보다가 혀를 데었다"라는 부분에서 백선희는 "면이 알맞게 익었는지 씹어 보다가"라는 표현은 원작에 없다고 주장하고 이는 번역가의 끼어들기라고 지적했다. 이에 대해 이세욱은 스파게티가 익은 정도를 살펴보기 위해 씹어보는 일이 우리나라 문화에는 익숙하지 않은 것이기 때문에 다짜고짜 혀를 데었다고 말하는 것이 독자들에게는 생소하게 느껴질 수 있고, 그렇기 때문에 첨언을 하였다고 대답하였다. 이세욱은 프랑스어와 우리말처럼 계통이 전혀 다른 언어에서는 낱말들을 일대일로 대응시키는 것으로는 넘어설 수 없는 문화적, 심리적 장벽이 있기 때문에 번역 충실성에 있어서 많은 요소를 고려할 것을 주장한 반면, 백선희는 텍스트의 여백과 저자의 침묵 역시 역자가 존중해야할 부분이라고 주장하고 번역사가 저자 뒤로 물러나야 한다는 점을 강조하였다.

논쟁의 중심에 있는 충실성은 본래의 원문에 대한 충실성에서 더 확장되어 가독성까지 포괄하는 개념으로 발전되기도 하였다. 스페인의 저명한 번역학자 허타도 알비르(Hurtado Albir)는 충실성을 규정하는 세 가지 범주를 제시하고 모든 번역은 이 범주들을 충족시켜야 한다는 점을 강조했다[60]. 번역사가 하나의 저자가 되어 저자의 목소리로 말을 하되 자신의 생각을 표현해서는 안 된다는 점이 강조된, 원문 내용에의 충실성이 첫 번째 범주이다. 두 번째 범주는 번역문에 대한 충실성으로, 원문과 번역문 언어는 각각 고유의 문법적 규칙과 표현, 문체를 가지고 있기 때문에 원문의 언어에 지나치게 의존하게 되면 이상하고 부자연스러운 번역문을 생산할 수 있다는 것이다. 세 번째 범주는 번역문 독자에 대한 충실성이다. 어떤 경우에든 원문과 번역문의 독자가 동일문화권 화자일 수는 없고 그들 사이에는 필연적인 언어 문화적 경험, 지식체계의 상이함이 존재하기 때문에 번역문은 이러한 상이한 언어적, 사회문화적 지식체계를 중개할 수 있도록 만들어져야 한다는 것이다. 확장된 충실성 개념은 번역문 및 번역문 독자에게까지 경계가 확장되어서 전통적인 가독성 개념까지도 포괄하고 있다.

4) 등가

앞서 지적한 대로 충실성은 번역학자들에 의해 등가 개념으로 대체, 발전되었는데 등가는 충실성과 마찬가지로 번역 평가의 가장 중요한 기준 중 하나이다. 언어학적으로 단일 언어 내의 두 문장이 그 의미 표시는 동일하지 않지만 같은 의미를 가질 때 등가 혹은 동치의 관계에 있다고 한다. 그러나 번역에서의 등가는 원문과 번역문 사이의 관계를 의미하며 원문에서 비롯된 번역문으로서의 존재 가치를 나타낸다. 등가 개념 역시 초기의 언어적 대응, 1대1 전환을 의미하는 완전한 동일성에의 추구에서 점차 의미와 효과의 등가, 더 나아가 텍스트가 해당 문화권에서 수행하는 소통적 역할의 등가에 이르기까지 발전하게 되었다.

영국의 번역학자 캣포드(1965)가 등가에 대해 "주어진 원문 텍스트나 그 일부분에 대해 해당 상황에서 등가를 가진다고 여겨지는 텍스트나 그 일부분"이라는 다소 모호하고 추상적인 규정을 내린 반면, 미국의 성서번역가이자 번역학자인 나이다(1969)는 형식적 대응과 역동적 등가를 대비시키고 좋은 번역이 충족시켜야 하는 자질로서 역동적 등가를 주창했다.

> 역동적 등가는 번역문 언어로 메시지를 이해한 수신자와 원문 언어로 이해한 원문의 수신자가 보이는 반응이 동등한 정도라고 규정된다.
>
> (Nida & Taber, 1969:24)

이러한 역동적 등가 개념은 이후 기능적 등가로 더 발전되었는데 그 예로 서구 문화권에서 '사람을 속일 정도로 영리한(deceptively clever)'이라는 속성을 가진 여우를 그와 같은 속성을 공유하고 있지 않은 문화권 언어로 옮겨줄 때에는 상응하는 속성을 지닌 토끼나 거미 등으로 바꾸어주어야 한다는 주장을 들 수 있다.

등가 개념은 쾰러(1997)에서 지시적, 내연적, 텍스트규범적, 화용적, 형식적 등가의 다섯 가지로 세분화되었고, 베이커(Baker, 1992)에서는 층위를 구분해서 어휘, 어휘이상, 문법, 텍스트, 그리고 화용적 등가로 나뉘어졌다. 화용적 등가의 경우 특정 발화에 참여하는 참여자들간의 관계를 토대로 화행, 공손성(politeness), 함축 등의 차원에서의 등가를 의미하기 때문에 나이다가 발전시킨 역동적 등가에서 더 발전된 개념이라고 할 수 있다.

노이베르트 & 슈리브(Neubert & Shreve, 1992)에서 등가는 더욱 확장되어 텍스트적, 의사소통적 등가로 발전되었다. 노이베르트 & 슈리브는 잘된 번역은 해당 번역문이 원문의 자리에 위치할 수 있는 것을 뜻한다고 규정하고 의사소통적 등가를 이룬 번역에 대해 다음과 같이 규정하였다.

> 텍스트의 표면이 일치하지 않고 그 의미구조가 바뀌어졌다 하더라도 두 개의 텍스트는 유사한 상황에서 유사한 독자들에게 유사한 정보를 준다.
>
> (Neubert & Shreve, 1992:143)

많은 학자들이 제시한 다양한 등가에 대해, 그리고 등가가 더 이상 그 의미를 상실했다고 보았던 일부 학자들의 의견에 대해 노이베르트 & 슈리브는 어떤 텍스트도 완전히 다른 텍스트와 같을 수는 없다면서 등가 개념이 전통적인 의미의 등가 즉, 두 텍스트간의 완전한 동일성(complete identity)에서 벗어나서 사회적, 의사소통적 역할에 있어서의 등가로 확장될 수 있다면 여전히 가장 유효한 개념임을 주장하였다. 즉, 원문이 해당 사회, 문화 내에서 수행했던 역할을 번역문이 번역문 사회, 문화 내에서 구현할 수 있다면 그것이 바로 등가를 의미한다는 것이다. 등가에 대한 정의에서 중심점은 형식적 측면에서 상황적, 의사소통적 차원으로 옮겨져 간 것을 알 수 있다.

한편, 이와 같은 등가는 학자들에 의해서 번역충분성(adequacy)[61]의 하위 개념으로 규정되기도 하였다. 모든 번역은 그것을 발주하는 사람이 일정한 의사소통을 하고자 하는 목적을 가지고 있기 때문에 시작되는 행위이고, 번역문을 읽게 되는 대상 독자를 누구로 설정하는가에 따라 번역이 달라질 수 있게 된다. 때에 따라서 번역의 발주자가 법적 효력과 제약을 가질 수 있는 문서를 자구적으로 번역해줄 것을 요구할 수도 있고, 어른을 대상으로 쓰인 원문을 어린이를 대상으로 한 동화로 번역해줄 것을 요구할 수도 있다. 이러한 상황에서 원문과 번역문 사이의 관계를 뜻하는 등가는 번역문이 번역문의 목적에 대해서 가지는 관계, 대상으로 설정하고 있는 독자에 대해 가지는 관계[62]에 비해 부차적인 가치가 되는 것이다.

'일정 기준에 부합하는 혹은 적절한'것을 뜻하는 번역충분성은 번역을 하나의 활동으로 규정하고 그 활동에 참여하는 참여자들 즉, 원문의 저자와 그것을 읽는 독자, 번역문의 저자와 그 독자들, 번역의 발주자 사이의 역동적 관계 속에서 번역을 규정한다.

독일 기능주의적 학파에 속하는 학자들에 의해서 주창된 스코포스(skopos) 이론에서 번역은 다양한 주체들이 참여하는 일종의 역동적 행위의 하나로서 간주되며 번역의 목적이 가장 중요한 개념으로 인식된다. 스코포스 이론의 대표적 학자인 라이스(Reiss, 1977)는 등가를 단어, 구, 문장, 통사적 구조, 더 나아가 전체 텍스트 차원에서 동등한 의사소통적 가치를 지니는 것으로 규정하고 이러한 등가가 어떠한 형태로 구현될 것인가는 전적으로 번역충분성에 달려있다고 보았다[63]

여러 학자들의 연구에서 잘된 번역과 잘못된 번역, 좋은 번역과 나쁜 번역을 평가하는 데에 있어서 공통적으로 나타나는 흐름은 모든 번역이 원문과의 텍스트간 응결성(intertextual coherence)을 가져야 하며 동시에 번역문 사회와 문화, 번역문의 독자에게 자연스럽고 완결된 텍스트로서 기능할 수 있는 텍스트내적 응결성(intratextual coherence)을 가져야 한다는 점이다. 확장, 발전된 개념의 등가는 단순히 원문과 번역문, 텍스트와 텍스트 사이의 관계뿐 아니라 그것이 소비되는 대상 독자, 대상 문화권까지 포괄하고 있기 때문에 텍스트간 응결성과 텍스트내적 응결성을 모두 포괄하고 있다고 볼 수 있다.

5) 문화와 번역

번역 활동이 필연적으로 원문과 번역문이 속한 사회와 문화로부터 자유로울 수 없다는 것은 이미 많은 이론가들에 의해서 강조되어 왔고, 80년대를 기점으로 문화간(intercultural), 학제간(interdisciplinary) 연구로 큰 전환이 이루어졌다. 바스넷(Bassnet, 1991)은 번역학이 문체, 문학, 역사, 언어학, 기호학, 미학 등 광범위한 영역 사이의 간극을 메워주는 역할을 한다고 정의를 내린 바 있는데[64] 이는 곧 번역에 대한 연구가 단순히 그 분석 대상이 된 텍스트에 국한되는 것이 아니라 해당 텍스트가 속한 사회, 문화 전반의 다양한 현상들을 설명할 수 있는 가능성을 가지고 있다는 것을 말해준다.

번역에서 제기되는 문화의 문제는 두 문화권이 멀리 떨어져 있지 않다고 해도 텍스트가 가지는 의미적 혹은 통사적 문제보다도 더 심각할 수 있다. 이런 점에서 번역과 문화의 상관관계가 관심을 끌게 되었다. 레피핼므(Leppihalme, 1997)는 문화지향적 번역 연구의 특성을 지적하면서 번역사들이 텍스트에 대해서 가지는 관계를 헬리콥터에 비유한다. 즉, 텍스트를 헬리콥터에서 바라보는 것과 같이 조망하며 우선 문화적, 상황적 맥락을 보고 그 속에서의 텍스트 자체를 연구해야 한다는 것이다.

우리가 문화라고 일컫는 것은 예술에 반영된 인간의 지적활동과 같은 협의의 문화를 의미하는 것이 아니라 인류학적 의미에서 사회적으로 규정된 인간 삶의 모든 측면을 뜻한다[65]. 문화는 사람들의 행동이 무엇을 목표로 하고 있고 무엇으로부터 비롯되었는지, 그 행동으로부터 어떤 사회적 역할을 기대할 수 있는지를 판단하기 위해서, 또 해당 사회 내의 기대에 부합하는 행위를 하기 위해서 알고, 숙지하고, 느끼고 있어야 하는 모든 것을 의미한다[66]. Göhring의 문화에 대한 정의에서 가장 핵심적인 것은 다음과 같다.

◎ 지식, 능력, 지각의 총체
◎ 행위(행동), 사건과 가지는 즉각적인 관계
◎ 사회적 행위로서 혹은 언어사용을 통해 용인된 기대와 규범에의 의존도

(-the concept of culture as totality of knowledge, proficiency and perception
-its immediate connection with behavior(or action) and event
-its dependence on expectations and norms, whether those of social behavior or those accepted in language usage

(Trosborg 1997:146)

쿠즈마울(Kussmaul, 1997)은 위의 정의에 바탕을 두고 사실적인 지식과 함께 행위적 지식으로서 문화의 중요성을 강조하였다. 그는 문화적 능력과 번역능력을 훈련시키기 위해 필요한 행위적 지식으로서 문화적 규범, 관습 등을 제시하면서, 번역을 하는 데에 있어서 원문 문화권과 마찬가지로 번역문 문화권에 체계화되어 있는 문화적 규범과 관습을 따르지 않으면 번역은 성

공적일 수 없다고 강조했다. 특히, 원문과 번역문 문화권 사이의 거리가 멀 때 문화적 문제가 가장 많이 발생하는데, 그 예로 중국에서는 행운의 상징이 되는 용이 서구에서는 악의 상징이 되는 점을 들었다. 이런 문화적 함축은 종교와 신화의 영향을 많이 받는데, 각 언어 문화권별로 달라지는 함축적 의미를 번역을 통해 전달하는 방법으로 생략과 대체, 외연화를 제시하며, 세 가지 중의 하나를 선택하는 데에 절대적인 룰은 없다는 것을 강조했다.

예를 들어서, 영어로 '그녀는 고양이다'라고 한다면, 그 의미는 '그녀는 심술궂다', '그녀는 악의가 있다'가 된다. 그러나, 독일어로 'katze'는 '은혜(grace)', '기민함(agility)'이라는 함축적 의미를 가지기 때문에 그대로 옮겨주어서는 영어가 가지는 의미를 제대로 전달할 수 없다.

이렇게 문화를 인간이 살아가는 삶의 모든 측면, 삶에서 요구되는 행위적, 사실적 지식으로 정의한다면 의사소통을 정상적으로 이루어지게 하는 역할을 하는 배경지식, 틀, 스크립트, 인지적 축적물 등과 같은 맥락에서 이해가 가능하다. 언어와 문화가 유기적인 연관관계를 가지고 서로 영향을 주면서 발전하는 것처럼 번역 역시 의사소통이 이루어지는 상황적 맥락, 소통에 참여하는 사람들 사이의 관계, 그들이 살면서 경험하고 체험한 지식체계 속에서 규정되고 이해된다.

번역의 본질과 관련해서 여러 학자들이 다양하게 제기한 바 있는 정의와 주장, 그리고 과거와 현제 실제 번역 활동을 해왔고

하고 있는 전문 번역사들의 의견을 종합적으로 살펴보면 다음과 같은 사실을 확인할 수 있다. 반역이 되지 않기 위해서 즉, 좋은 번역이 되기 위해서 번역문은 그것을 태동시킨 가장 원초적 존재라고 할 수 있는 원문과의 관계, 그리고 번역문을 읽는 독자와 해당 번역문이 속한 사회 문화와의 관계, 이 두 가지 차원의 관계를 모두 만족시켜야 한다. 이것이 충실성과 가독성 사이의 갈등과 자크 아미요의 번역을 둘러싼 논쟁, 역사 속에서 여러 번역학자들이 확장, 발전시켜온 충실성과 등가 개념을 모두 설명해줄 수 있지 않을까 한다.

이렇게 본다면 번역사는 원문을 단순히 모사하고 그것을 다른 색깔로 옷을 바꾸어 입히는 역할에서 더 나아가 이문화권 사이의 의사소통을 중개하는 적극적인 중개자 입장을 가져야 한다. 원문의 독자가 번역문의 독자와 같을 수는 없기 때문에 양 문화권의 독자들은 서로 상이한 지식체계와 문화, 관습을 보유하고 있다. 좋은 번역이 되기 위한 조건이 되는 두 가지 차원의 관계 즉, 원문과의 관계와 번역문 독자, 사회 문화와의 관계를 모두 충족시키기 위해서 번역사는 때로 번역문 독자들에게 별도의 노력을 들여서 설명해야 하기도 하고 때로는 원문이 가지고 있는 여백과 생경함을 유지하기 위해 침묵을 지켜야 하기도 한다.

제2부 실제로서의 통역과 번역

7. 영화 제목의 번역[67]

대중과 함께 호흡하면서 그와 동시에 문화의 흐름을 반영하는 예술 장르로서 영화가 어떤 제목으로 관객을 만나는가는 흥행뿐 아니라 영화 속 인물과 사건, 더 나아가 영화 자체에 대한 관객들의 생각과 평가에 영향을 준다. 제목만으로 작품의 의미와 가치를 재단하는 것은 경솔한 일이기는 하나 관객의 흥미를 끌고 관심을 환기하는 데에, 더 나아가서 관람을 하게끔 만드는 데에 제목은 중요한 역할을 한다. 특히 한국에 대해 아직 생소함이 강한 외국인들에게 영화를 통한 소통은 사람들 사이의 교류 뿐 아니라 문화권 전체의 상호 관계를 돈독하게 만드는 통로가 될 수 있다. 영화 뿐 아니라 한국의 대중문화가 어떻게 해외에 소개되고 있고, 그것을 어떻게 지속적으로 활용할지에 대한 고민의 단초로서 본 장에서는 영화 제목의 외국어 번역 양상에 대해서 알아보고자 한다.

1) 제목과 영화

제목은 본문의 내용을 집약적으로 알려주는 역할을 하는 동시에 본문을 이해하는 데에 필요한 기본적인 정보를 제공하며,

독자들의 관심을 환기시켜서 본문으로 유도하는 역할을 한다. 국립국어원 표준국어대사전에 따르면 제목은 "작품이나 강연, 보고 따위에서, 그것을 대표하거나 내용을 보이기 위하여 붙이는 이름[68]"이다. 책, 신문기사, 영화, 드라마, TV 프로그램 등 다양한 매체에 제목이 없다면 우리는 어떻게 해서든 그것을 부르기 위해, 다른 것과 구별하고 명명하기 위해 편의상 이름을 짓거나 특징을 잡아 묘사하는 번거로움을 감수해야 한다. 무제(untitled)를 제목으로 하고자 하는 의도가 아니라면 어떤 사물, 어떤 대상이든 그것을 대표하고 내용을 알 수 있게 하기 위해 제목을 달게 된다. 그리고 그 제목으로 말미암아 소비자, 독자, 관객들은 해당 대상에 대해 알게 될 뿐 아니라 그 내용에 대해 나름대로의 인상을 가지게 되고 흥미를 느끼게 된다.

세계 최강 미 F-22기 4대 출격 ... 김정은 왜 겁내나 했더니[69]
한국 하늘에 뜬 'F-22' 무기 각축장 되는 한반도[70]

위 두 제목은 2016년 북한의 핵실험, 미사일 발사를 계기로 한반도에 긴장이 고조된 이후, 미국이 한반도에 스텔스 전투기 F-22를 주둔시키기로 한 결정에 대해 보도하고 있는 기사의 제목이다. 전자의 경우 F-22기 앞에 세계 최강이라는 수식어를 붙여서 F-22기에 대한 긍정적인 이미지를 부각시켰다. 그와 동시에 김정은이 겁을 낸다는 부제목을 달아서 막강한 전력을 가진 미국 전투기의 한반도 주둔이 김정은을 겁주고 더 나아가 북한을 억제, 견제할 수 있는 효과를 가진다는 점을 드러냈다.

반면 후자의 경우 F-22에 대한 긍정적, 부정적 가치를 포함한 수식어는 붙이지 않은 채 한국 하늘에 뜬 이라는 객관적인 정보를 제공하면서, 한반도가 이로 인해 다양한 종류의 무기가 대립하는 각축장으로 전락하고 있다는 사실을 부각시켰다. 같은 사실에 대해 전자의 제목은 긍정적인 효과를, 후자의 제목은 부정적인 현실을 더 드러내고 강조한다.

같은 내용이라고 할지라도 제목을 어떻게 붙이는가에 따라 독자, 관객들이 해당 대상에 대해 가지고 있는 생각, 태도, 흥미는 달라지게 된다. 대중의 관심, 흥미가 흥행에 결정적인 영향을 미치는 영화의 경우, 제목의 중요성은 더욱 클 수밖에 없다. 최근 들어서는 한류의 열풍을 타고 한국 영화의 해외 수출이 갈수록 증가하고 있고 한국의 영화, 대중문화에 대해 관심을 가지고 있는 외국 관객들의 수도 늘어나고 있다. 인터넷, SNS의 발달로 말미암아 한국 문화에 관심 있는 외국 관객들은 정식 개봉 절차를 거친 영화 이외에도 다양한 경로로 한국 영화를 접할 수 있게 되었고, 한국 영화가 여러 나라의 새 관객들을 만날 수 있는 가능성은 계속적으로 넓어지고 있다.

8월의 크리스마스
처녀들의 저녁식사
하면 된다
약속

관객들에게 쉽게 각인되고 잘 잊혀지지 않는 위 영화들의 원래 제목은 각각 '즐거운 편지', '우리들의 성생활', '일가족 보험사기단', '돌아서서 떠나라'였다. 제작 과정에서 여러 단계를 거쳐 원래의 제목을 바꾸게 되면서 오히려 득이 된 케이스에 해당한다. 특히 '8월의 크리스마스'의 경우 원제였던 '즐거운 편지'로 개봉할 예정이었지만 영화 '편지'가 먼저 개봉되면서 제목을 바꿨고, 이것이 오히려 흥행의 기폭제가 되었던 것으로 평가받고 있다[71].

김기태[72]는 제품에 있어서 상표(brand)를 제품의 얼굴이라고 할 수 있다면 영화의 얼굴은 바로 영화 제목이라고 규정하면서 영화 제목은 기존의 다른 제목들과 차별화되어야 관객들이 쉽게 기억하고 영화를 보겠다는 결심을 하게 된다는 사실을 지적했다. 하지만 '결혼 이야기'가 신혼 부부에 대한 이야기이고, '마누라 죽이기'가 공처가에 대한 이야기임을 미루어 짐작할 수 있는 것처럼 영화 제목은 차별화와 동시에 영화 내용과도 관련이 있어야 한다는 점을 언급했다.

박영복, 최인화는 영화 제목에 대해 "영화의 내용을 충실히 보여주는 얼굴 역할을 한다(박영복, 최인화, 1999:20)"는 점에 주목하면서도 영화 제목이 평범하다고 해서 반드시 흥행을 하지 못하거나 제목이 튄다고 해서 인기를 얻는 것은 아니라는 점을 강조했다. 이들은 더 나아가 외국 영화의 제목을 그대로 한국어로 음차한 경우나, 역으로 한국 영화 제목에 외국어를 남용하는 사례들에 대해 우려를 표하고[73] 영화 제목에 외국어가 들어간다고 해서 흥행에 더 유리한 것은 아니라는 점을 지적했다. 필자들이 소속된 영화 동호회에서 선정한 최우수 제목에는 한국 영화 '돼지가 우물에 빠진 날'과 외국 영화 '아름다운 비행(Fly Away Home)'이, 잘못된 제목의 예에는 한국 영화 '본 투 킬'과 외국 영화 '솔드아웃(Jingle All the Way)[74]'이 꼽혔다.

영화 한 편의 일부이기는 하지만 문화를 넘나드는 역할도 하게 되는 영화 제목의 번역에 주목한 오미형(2012)은 국가에 따라 제목 짓기의 관습이 다르고 언어유희가 사용될 수 있기 때문에 영화 제목 번역이 번역의 난제가 될 수 있다는 점에 주의를 기울였다. "번역자의 의사결정이 언제나 언어 및 소통 상황에 의해 제약을 받는다"는 이비르(Ivir, 1998)의 언급을 인용하며, 원제 전체를 유지시킬 것인지 변화시킬 것인지를 결정할 때 해당 어휘가 전체 영화의 메시지 형성에 어느 정도 기여를 하는지, 차용했을 경우 발음이 이상하거나 도착어의 다른 것을 연상시키지는 않는지 등 소통 및 언어적 제약을 고려할 필요가 있다는 점을 지적했다. 제목의 번역 유형은 무번역, 음차, 직역, 조절, 새로쓰기 등 5가지 유형으로 나타났는데, 특이한 것은 한국 영화 원제가 영어로 되어 있어 그 제목을 그대로 영어 제목으로 붙인 무번역의 경우가 전체의 15%가 넘는다는 것이다.

앞서 지적된 대로 한국에서 만들어진 영화임에도 불구하고 제목에 영어가 사용되고, 외국 영화를 한국어로 번역할 때에도 영어 제목을 그대로 음차한 경우가 많은 것은 영어, 영어권 문화가 한국 독자들에게 그만큼 친숙하기 때문이기도 하겠지만, 다른 한편으로는 영어의 남용으로 말미암아 오히려 한국어로 만들어질 수 있는 다양한 제목의 가능성을 줄이게 되는 결과를 낳을 수도 있음을 상기해야 할 것이다.

2) 한국 영화 제목의 번역

본 장에서는 러시아로 수출된 한국 영화가 어떤 제목으로 러시아 관객들을 만났는지를 살펴보고자 한다. 러시아에서 정식으로 판매 루트를 거쳐 극장에서 개봉된 한국 영화는 2012년 5편에 불과했지만(자하로프, 2013)[75], 인터넷상에서 한국 영화를 검색하면 영화 관련 포털 사이트에서 러시아어로 번역된 한국 영화를 유료 및 무료로 제공하고 있는 것을 확인할 수 있다. 러시아 내 대표적인 영화 포털 사이트인 키노포이스크, 키노류빔, 아시아-티브이, 드라마쿤 등 4개 포털에서 추천된 한국 영화를 검색하고, 해당 영화의 러시아어 제목을 한국 영화 원제와 쌍을 지어 추출하였다. 같은 영화라도 상이한 제목이 있는 경우 각각의 사이트에서 중복되어 나타나는 빈도가 높은 것을 산출하였으며, 2000년부터 2016년까지 총 220편의 영화 제목이 분석 대상이 되었다.

한국어 제목 특성이 러시아어 제목에서도 유지된 경우는 전체의 47.3%이고, 제목의 일부나 전체가 바뀐 경우가 52.7%였다. 큰 차이는 아니었지만 5.4% 차이로 제목이 바뀐 경우가 많았다. 제목이 유지된 경우도 둘로 나뉘는데 그 중 하나는 한국어 제목 발음을 그대로 음차한 경우고, 다른 하나는 한국어를 그대로 러시아어로 직역한 경우다.

• 음차

이 중 음차는 '한공주'가 'Хан Гон Джу'로, '소원'이 'Со Вон'으로 옮겨져서 두 편, 0,9%에 불과했다. 그 이유는 한국어 발음을 그대로 음차한 경우 러시아어권 관객들에게 관련성 있는 정보나 효과를 줄 수 없기 때문이다. '한공주'의 경우 주인공 이름이 제목이고, 한국어 제목에서 주인공 이름을 부각시켰기 때문에 러시아어 제목에서도 그대로 음차를 한 것으로 보인다. 고유명사라 할지라도 이 경우처럼 작품 내 비중이 큰 인물의 이름이나 장소 등이 아닌 경우, 그대로 음차를 했을 때 러시아어권 관객들에게 그 의미를 제대로 전달할 수 없는 위험이 크기 때문에 더욱 신중을 기해야 한다. 위 표에서 '소원'의 경우 역시 주인공의 이름이 '소원'이지만 '소원'이 중의적으로 해석될 수 있기 때문에 그것을 그대로 소리나는 대로 음차를 했을 경우 원 제목의 중의적 효과가 전달되기 어렵다는 난점이 있다.

• 직역

한국어 제목을 러시아어로 그대로 직역해준 경우는 전체의 46.4%였다. 한국 영화 제목이 영어로 되어 있는 경우, '베테랑', '히말라야', '몬스터', '사이코메트리' 등과 같이 동일한 발음, 동일한 의미를 가진 해당 단어가 러시아어에도 존재하면 그것을 그대로 옮겨주었고, 그렇지 않은 경우는 러시아어로 직역해준 것을 확인할 수 있다. 직역된 제목 중 35편의 원제가 영어로 되어 있는데 이 중 위 4편을 제외하면 나머지는 모두 해당 러시아어로 직역되었다.

원제	러시아어 제목
베테랑	ВЕТЕРАН (베테랑)
몬스터	Монстр (몬스터)
히말라야	Гималаи (히말라야)
사이코메트리	Психометрия (사이코메트리)
스톤	Камень (돌)
세븐데이즈	Семь дней (7일)
새드 무비	Грустное кино (슬픈 영화)
슬로우비디오	Замедленная съемка (느린 촬영)

직역을 해서 러시아 관객들에게도 그대로 그 의미가 전달되고 원제가 가지고 있는 효과가 유지될 수 있다면 바람직하겠으나, 원제를 그대로 옮겨도 러시아어로 뭔가 어색하고 함축된 의미가 전달이 되지 않는 경우도 발견할 수 있다. '대한민국 1%'의 경우 그대로 직역해서 러시아어 제목이 'Республика Корея 1%'인데, 대한민국 최고의 해병대 특수수색대가 되기 위한 고군분투를 그린 원제가 러시아어 제목에서는 마치 대한민국이 1%인 것처럼 그대로 직역이 되어 있어서 원제에 비해 다소 밋밋하고

대한민국의 1%에 들어가는 뛰어난 사람들이라는 뉘앙스가 전달되지 않는다. 다소 구어적인 특성을 가지는 제목의 경우, 직역을 해도 특유의 억양을 살리지 못하는 문제가 생길 수 있다. '열정같은 소리 하고있네'의 경우 그대로 직역한 러시아어 제목 'Вы называете это страстью'은 비아냥거리는 특유의 억양이 들어가지 않은 상태에서는 '이걸 열정이라고 부른다'라는 평범한 평서문 문장이 되어 버린다. 열정에 해당하는 страстью라는 단어의 억양을 높이 올려야 한국어 제목에 포함된 비웃는 의미가 들어갈 수 있는데, 시각적 특성이 강한 영화 제목의 특성상 이러한 억양구조를 살리기 어렵기 때문에 눈으로 확인할 수 있는 어휘, 문장구조 등을 이용해서 직역이 아닌 다른 방법으로 번역했어야 한다고 판단된다.

• 부분 전환

원제의 일부가 바뀐 부분 전환에 해당되는 영화는 53편, 전체의 24.1%였다. 세부유형으로는 원제에 있던 일부가 러시아어 제목에서는 삭제되어 나타나지 않는 경우를 들 수 있다.

원제	러시아어 제목
해적: 바다로 간 산적	Пираты (해적)
찌라시: 위험한 소문	Опасные слухи (위험한 소문)
나의 19세	Девятнадцатилетние (19세)
인간중독	Одержимый (중독)

'해적: 바다로 간 산적'의 경우 부제인 '바다로 간 산적'이 빠져 있고, '찌라시: 위험한 소문'의 경우 '찌라시'가 생략되었다. '나의 19세'에서는 '나의'가, '인간중독'에서는 '인간'이 생략된 채 번역되었다.

'탐정: 더 비기닝'의 경우 원제의 부제목인 '더 비기닝'은 러시아어 제목에서 사라졌다. 그 대신 '마지못해'라는 의미를 가지는 'поневоле'라는 부사가 첨가 되어서 '마지못해 탐정'이라는 뜻의 제목이 만들어졌다. 원제의 부제목은 없애고 하나의 제목으로 바꾸어준 경우이다. '협녀: 칼의 기억'에서는 '호방하고 의협심이 있는 여자'라는 뜻의 '협녀'는 사라지고, '칼의 기억'이라는 문구가 '칼은 모든 것을 기억한다'라는 문장으로 바뀌었다.

이렇게 원제에 있는 부분을 일부 생략하는 경우 가장 우려되는 것은 삭제된 부분이 전체 제목, 그리고 작품에서 차지하는 비중이 어느 정도인가에 따라 의미 전달이 제대로 이루어지지 않거나 왜곡될 수도 있다는 점일 것이다. '나의 19세'나 '인간중독'의 경우, 러시아어 제목은 '19세', '중독'이라는 하나의 단어로 단순화되면서 전체 제목과 작품의 의미를 좀 더 강렬하게 전달하게 된 긍정적인 부분이 있다. 하지만 '찌라시'나 '협녀'의 경우 주제목일 뿐 아니라 작품 전체에서 중요한 역할을 하는 대상인 만큼 그것을 단순히 삭제하지 않고 전달할 수 있는 다른 방법을 강구해보는 것이 필요하지 않았나 하는 아쉬움이 남는다.

원제	러시아어 제목
평양성	Старая крепость Пхеньян (고대의 평양성)
가비	Русский кофе (러시아 커피)
스파이	Шпион: Секретная операция (스파이: 비밀작전)
성난 변호사	Адвокат: пропавшее тело (변호사: 사라진 시체)

앞선 예처럼 한국어 원제에는 없는 부분을 첨가해서 러시아어 제목을 더 명확하게 만들어준 경우도 찾아볼 수 있다. '평양성'의 경우 평양성이라는 러시아어 제목 앞에 '고대의', '오래된'이라는 뜻의 형용사인 'старая'가 첨가되었다. 단순히 '평양성'이라고 하면 북한의 수도이자 북한을 지칭할 때 제유적으로 사용되는 현재의 평양과 구분이 되지 않을 수 있다. 여기에 '고대'를 뜻하는 형용사를 붙여줌으로써 이 영화가 현재 북한의 수도인 '평양'과 관련된 영화가 아니라 고대, 삼국시대의 이야기를 다루고 있다는 것을 명확하게 해주었다.

영화 '가비'는 과거 아관파천 시기 한국 최초의 커피 바리스타를 둘러싼 이야기이다. 러시아어 제목은 'русский кофе' 즉, '러시아 커피'이다. '가비'는 당시 커피를 부르던 명칭이었는데, 영화 속에서 러시아로부터 커피를 들여오는 에피소드가 포함되어 있고, 커피와 고종을 둘러싸고 러시아, 일본, 한국 사이에 벌어졌던 암투를 그리고 있다. 한국어 원제는 커피의 옛 이름 '가비'이고, 그 이름을 통해 한국 관객들은 이 영화가 단순히 현재 우리가 마시는 커피의 이야기가 아니라는 점을 알 수 있다. 하지만 러시아 관객들은 단순히 '커피'라고 번역된 제목을 통해서는 이 영화가 오래 전 러시아로부터 커피를 수입할 당시에 관한 이야기라는 것을 연관시킬 수 없다. 러시아 제목에서는 커피 앞에 '러시아의'라는 뜻을 가진 형용사 'русский'를 덧붙여줌으로써 '가비'라는 제목이 가지고 있는 과거의 이미지, 러시아와의 연관성을 부각시켰다.

한국어 원제에는 없는 부제목을 러시아어 제목에서 별도로 넣어준 경우도 발견된다. '스파이'의 경우 한국어 원제는 부제목이 없는 단순한 '스파이'지만, 러시아어 제목에서는 스파이 외에 '비밀 작전'을 의미하는 부제목 'секретная операция'를 첨가시켜서 '스파이: 비밀작전'으로 번역함으로써 첩보물이라는 영화의 특징을 강조하였다. 원제에 있는 일부가 삭제되면서 동시에 다른 부제목이 첨가된 경우도 있어서 '성난 변호사'의 경우 '성난'이라는 표현이 삭제된 대신 반대로 별도의 부제목이 생겼다. 부제목으로 '사라진 시체'라는 뜻의 'пропавшее тело'가 첨가되어 러시아어 제목은 '변호사: 사라진 시체'가 되었고, 이로써 이 영화가 시체도 증거도 없는 살인사건의 변호와 관련된 이야기라는 점을 원제에 비해 명시적으로 보여주었다.

• 전체 전환

원제와는 다른 제목이 새로 만들어진 전체 전환은 63편으로 전체의 28.6%였다. 김순영(2006)은 창의적인 제목을 사용한 경우에 대해 "음차나 직역 혹은 명시화 전략만으로 목적을 달성할 수 없는 경우"라고 했는데, 이는 다시 말하면 원제를 음차, 직역하거나 부분적으로 변경하는 것보다 새 제목을 다는 것이 더 효과가 좋다고 판단될 때라고 이해해도 될 것이다. 서로 다른 문화권의 관객들에게 영화 제목으로서 적절한지, 그렇지 않은지에 대한 기준은 다를 수 있고, 영화의 얼굴이라고 할 수 있는 제목에 대한 기대치가 상이할 수 있으므로 원제와 다른 제목 즉, 제목 전체를 전환하는 선택도 가능하다는 것이다.

원제와는 전혀 다른 제목이라고 해도 원제와의 연관성을 유추할 수 있는 경우와 두 제목 간의 상관관계를 연결하기 어려운 경우가 있다.

원제	러시아어 제목
사도	Престол (왕좌)
연평해전	Северная пограничная линия (북방한계선)
제보자	Анонимный звонок (익명의 전화)
롤러코스터	Пристегните ремни (안전벨트를 매라)

'사도'의 러시아어 제목은 'Престол' 즉, '왕좌'이다. 사도가 왕의 아들이므로 러시아어 제목인 '왕좌'는 한국어 원제에서 완전히 동떨어진 제목은 아니다. '연평해전'의 경우 러시아어 제목은 'Северная пограничная линия', '북방한계선'이다. 연평해전은 북방한계선을 경계로 한국과 북한 사이 이루어진 교전을 뜻하므로 두 제목간의 연관성을 어느 정도 유추할 수 있다.

이 두 경우 전체 전환이 이루어진 이유를 생각해보면 다른 나라에는 없는 한국 고유의 역사, 사건과 관련이 있다는 것을 알 수 있다. '사도'는 영조의 아들, '연평해전'은 연평도 인근에서 벌어진 한국과 북한의 교전이기 때문에 공통의 역사적, 사회적 경험을 공유하고 있지 않은 러시아 관객들에게는 표면적, 함축적 의미가 전달될 수 없다. 따라서, '사도'는 한 나라에 국한되지 않은 '왕좌'라는 제목으로, '연평해전'은 그것이 일어난 장소인 '북방한계선'으로 보다 일반화되었다.

'제보자'는 러시아어로 'Анонимный звонок', 즉, '익명의 전화', '롤러코스터'는 '안전벨트를 매라'로 바뀌었다. 무엇인가 제보를 하기 위해 익명으로 전화를 하고, 롤러코스터를 탈 때 안전벨트를 반드시 매게 되는 상황을 연상해보면 위 러시아어 제목들은 새로 만들어지기는 했지만 원제와 어느 정도의 연관성을 내포하고 있다. 게다가 롤러코스터의 러시아어 직역은 'американские горки' 즉, '미국의 산들'이다. 롤러코스터를 음차할 경우 뜻이 잘 통하지 않을 수도 있고, 그것의 직역인 'американские горки(미국의 산들)'로 옮겨주면 영화 제목에 '미국'이라는 전혀 관련 없는 나라 이름이 들어가기 때문에 한국 영화 제목으로는 타당하지 않다. '안전벨트를 매라'라는 제목을 통해 '롤러코스터'가 내포하는 위험한 순간을 전달했다고 판단할 수 있다.

한국어 제목과 러시아어 제목 사이에 제목 자체만으로는 연관성을 찾기 어려운 경우가 전체 63편 중 11편을 제외한 52편에 달한다.

원제	러시아어 제목
푸른 소금	Взгляд из прошлого (과거로부터의 시선)
그때 그 사람들	Последний выстрел президента (대통령의 마지막 총성)
국제시장	Ода моему отцу (나의 아버지에게 바치는 시)
조선미녀삼총사	Охотницы (여자사냥꾼들)

전체 전환의 대다수를 차지하는 것이 한국어 원제와 러시아어 번역 제목 사이에 연관성을 찾을 수 없는 경우에 해당한다. 원제와의 연관성은 없지만 대부분의 경우 영화의 내용을 반영하거나 영화 속 주요 인물이나 사건 등을 다른 이름으로 형상화하고 있다.

'푸른 소금'의 러시아어 제목은 '과거로부터의 시선', '그때 그 사람들'의 러시아어 제목은 '대통령의 마지막 총성'이다. 두 경우 모두 영화의 내용을 보면 왜 이러한 제목이 선택되었는지를 짐작할 수 있다. '푸른 소금'은 폭력조직에 가담했던 과거를 씻고 새롭게 새출발을 하려는 두헌을 감시하라는 명령을 받은 세빈이 과거에서 벗어나서 서로에게 감정을 느끼게 되는 내용을 담고 있다. 어두운 과거에서 벗어나 새로운 삶을 살고 싶지만 과거의 전력으로 인해 어려움을 겪게 되는 내용이 '과거로부터의 시선'이라는 러시아어 제목에 응축되어 있다.

'그때 그 사람들'은 잘 알려진 대로 10.26 사태, 박정희 전 대통령의 암살 사건을 다룬 영화로 박정희 대통령의 암살을 둘러싸고 자의로, 타의로 거기에 얽혀 들어간 사람들의 이야기를 다룬다. '그때 그 사람들'이라는 제목은 당시 가수 심수봉이 대통령이 암살되던 현장에서 불렀던 노래 '그때 그 사람'에서 따온 것이다. 한국 사람들은 잘 알고 있지만 러시아어권 관객들에게는 생소할 수밖에 없는 한국어 원제는 영화의 내용을 그대로 반영한 '대통령의 마지막 총성'으로 번역되었다.

'국제시장'은 '나의 아버지에게 바치는 시', '조선미녀삼총사'는 '여자사냥꾼들'로 번역되었다. '국제시장'은 분단과 전쟁, 이산의 아픔과 경제성장의 음양을 모두 겪은 한 아버지의 일생에 대한 이야기이다. 후대의 안정된 삶을 가능하게 했던 아버지에게 존경과 감사를 표하는 영화의 내용이 '나의 아버지에게 바치는 시'로 표현되었다.

'조선미녀삼총사'는 조선시대 최고의 현상금 사냥꾼인 세 여인이 왕의 밀명을 받고 현상금이 아닌 조선의 운명을 결정짓는 역할을 맡게 되는 이야기를 그린다. 러시아어 제목은 '여자사냥꾼들'로 영화의 등장인물들이 영화에서 맡은 역할을 그대로 연결시켜서 원제와는 다른 새로운 제목을 만들어냈다.

위 예들을 보면 원제와는 다르지만 새로운 제목이 만들어지는 데에는 영화 자체의 내용이 많은 영향을 미쳤다는 사실을 알 수 있다. 그러나 새로운 관객들을 대상으로 새롭게 영화 제목을 변경한 경우 원작의 내용을 제대로 반영하지 못하는 경우도 발견되었다. '5백만 불의 사나이'는 보스의 명령으로 5백만 불을 배달하다가 얼떨결에 그 돈을 가지고 도망자 신세가 된 사람의 이야기이다. 그런데 러시아어 제목은 'Миллионер в бегах' 즉,

'도망가는 백만장자'이다[76]. 러시아어에서 백만장자는 실제로 그 정도 이상의 재력을 보유한 부자를 뜻한다. 영화 속 주인공은 실제로 부자가 아니라 5백만불을 떠넘겨 갖게 된 사람이고, 한국어 원제는 중의적인 의미를 지닐 수 있는 '5백만불의 사나이'로 되어 있다. 게다가 이 제목은 과거 미국의 TV드라마 '6백만불의 사나이'의 제목을 패러디한 것이다. 이 드라마는 과거 우주비행사였던 주인공이 큰 사고로 목숨을 잃을 뻔하다가 6백만불이라는 거금을 들여 생체공학적으로 새 몸을 갖게 된 후의 활약을 그린다. 이 드라마에서 6백만불의 사나이 역시 백만장자가 아니다. 원제와는 다른 제목을 갖게 되었지만 제목 번역이 제대로 이루어지지 않아 영화 내용에 대한 정확한 전달이 어려워진 경우에 해당한다.

'내부자들'의 경우도 비슷하다. '내부자들'의 러시아어 제목은 'Грабители' 즉, '약탈자들'이다. '내부자들'은 사회 내부에 뿌리 깊게 유착된 언론, 검찰, 폭력조직들의 관계를 그린 영화로, 제목은 외부로는 잘 드러나지 않지만 사회 내부에서 서로가 서로에게 물고 뜯기며 의존적이면서도 한순간에 배신할 수 있는 유착관계를 가진 사람들을 그린다. 그러나 번역된 제목은 '약탈자들'로 단순히 다른 사람의 재산, 능력을 빼앗는 사람들로 약화되어 있다. 이해관계에 따라 얼마든지 결탁했다가 등에 칼을 꽂을 수 있는 내부 거래자들이라는 의미가 새롭게 전환된 러시아어 번역에서는 느껴지지 않는다.

위에서 지적한 대로 원제에는 없는 새로운 제목을 만들어내는 전체 전환은 상이한 사회, 문화권에 속한 관객들이 필연적으로 가질 수밖에 없는 경험상의 갭을 극복하고, 문화적 거리로 인해 야기될 수 있는 다양한 문제를 해결하기 위해 영화 제목 번역에 적극적으로 활용될 수 있다. 하지만, 앞서 든 예에서와 같이 작품의 내용을 곡해하게 만들거나 그 의미를 약화시킬 수도 있다는 단점이 있기 때문에 그만큼 더 신중을 기해야 하며, 작품에 대한 이해가 선행되어야 한다는 점을 상기해야 할 것이다.

국내 관객들에게 제목이 부각되는 양상과 외국 관객들이 흥미롭게 느낄 수 있는 제목의 양상이 늘 같을 수는 없기 때문에 제목의 번역은 고심거리가 될 수밖에 없다. 한국 영화 제목을 별다른 전환(shifts) 없이 그대로 음차하거나 직역을 했을 경우, 외국 관객들에게 한국 관객들과 같은 감흥과 효과를 불러일으킬 수 있을지, 그렇지 않다면 영화의 원제를 어떻게 전환시킬 것인지, 어떤 부분은 원제대로 유지시키고, 어떤 부분은 바꾸어줄 것인지, 아니면 아예 원제와는 전혀 다른 새로운 제목을 붙일 것인지 등 영화 제목의 번역은 선택과 결정의 과정이라는 번역의 본질을 잘 드러내줄 수 있는 흥미로운 주제이다. 한국 문화의 세계적 전파, 그리고 상이한 문화권 관객들 사이의 국제적 소통에 있어서 영화가 가지는 막대한 영향력을 생각하면 한국 영화가 외국 관객들을 만나는 모습 특히, 첫 번째 관문인 제목이 어떻게 번역되고 있는지에 관심을 기울여 살펴볼 가치가 있다.

8. 한국문학의 외국어 번역[77]

1) 한국문학의 해외 진출

문학 작품이 해당 사회를 이해하고 민족과 언어 공동체의 문화를 받아들이는 데에 있어서 매우 중요한 역할을 한다는 사실은 굳이 강조할 필요가 없을 것이다. 문학 작품 작가가 창조해 낸 미학적 세계 속에는 해당 사회 구성원들이 가지고 있는 가치관, 삶의 방식, 사고 체계, 역사적 경험 등이 가지를 치고 서로 얽혀 있다. 문학이 상상력과 문체 속에 어우러진 작가의 독창적 작품 세계뿐 아니라 문화적 가치를 투영하는 가장 중요한 통로 중 하나임은 부인할 수 없는 사실이다. 서로 다른 문화와의 소통의 창구를 마련하는 데에 있어서 문학 번역이 중요한 역할을 할 수밖에 없는 이유도 여기에 있다.

한국 문학이 한국의 문화, 문화적 정체성을 세계에 알리고 다른 문화와의 적극적인 교류의 통로가 되는 데에 있어서 가장 중요한 것이 번역이다. 그렇다면 누가 이러한 역할을 담당해야 하는가의 문제가 제기된다. 외국인이 자신의 모국어로 번역을 하는 것이 타당한지, 한국적 정서를 잘 알고 있으면서 폭넓은 외국어 지식을 가지고 있는 한국인이 외국어로 번역을 하는 것이 옳은지에 대해서는 아직도 많은 이견이 존재한다. 외국인이 모국어로 번역을 하는 경우 정확한 한국 문학작품에 대한 이해, 정서에 대한 공감이 전제가 되어야 하며, 한국인이 외국어로 번역하는 경우에는 풍부한 외국어 표현 능력이 뒷받침되어야 한다.

한국 문학이 외국어로 번역되어 해외에서 출판되고 소개되기 시작한 것은 그리 오래된 일은 아니다. 연세대학교 유럽문화정보센터에서 발간한 '한국문학의 외국어 번역- 과거, 현재, 미래'(2004)를 보면 한국 문학의 외국어 번역 역사는 약 130년 전으로 거슬러 올라간다. 미국에서 출판된 '한국민담집'(1889)을 시작으로 프랑스에서는 춘향전이, 독일에서는 '한국전래 동화와 전설집'이 1893년 번역, 소개되었다. 저자를 알 수 없는 구비문학이 아닌 한국 작가의 작품에 대한 번역은 1922년 영국에서 출판된 김만중의 '구운몽 The Cloud Dream of Nine'이 처음이라고 한다. 본격적으로 한국 문학에 대한 번역이 이루어진 것은 정부가 1970년대부터 적극적으로 지원을 하기 시작한 다음이었고 1992년 대산문화재단의 지원으로 더욱 탄력을 받게 되었다.

지난 30여 년동안 많은 성장을 이루었음에도 불구하고 한국의 문학 작품이 외국인에게 많이 알려지지 않고 문화적 영향력을 가지지 못한 이유는 크게 세 가지의 요인이 지적될 수 있겠다. 하나는 모든 문화 사업들이 그렇듯 장기간의 지원과 육성 작업을 거쳐 오랜 기간의 투자를 필요로 한다는 점이다. 이 지점에서 일본의 상황과 비교하지 않을 수 없다. '일본의 근대화에 있어서 가장 결정적인 역할을 한 것이 번역'이라는 마루야마 마사오와 가토 슈이치의 말[78]에서 나타나는 것처럼 일본은 메이지

시대 이후 외국 작품의 일본어 번역뿐 아니라 자국 작품의 외국어 번역을 적극 지원했다. 일본의 전통극인 '노'가 독일의 극작가 브레히트와 아일랜드의 시인 예이츠에게 큰 영향을 주었다는 사실은 노벨 문학상을 두 번이나 배출한 일본의 적극적인 자국 문화 소개 의지에 힘입은 바 크다 하겠다.

우리의 경우, 본격적으로 한국문학 번역에 대한 국가차원의 지원이 시작된 것은 70년대 이후가 되어서이다. 1973년 한국문화예술진흥원이 한국 문학번역 사업을 주도하였고 이후 한국문학번역금고에서 체계적인 지원 프로그램을 마련했다. 2001년 문예진흥원과 한국문학번역금고가 한국문학번역원으로 통합되면서 다시 새로운 전기를 맞이하게 되었다[79].

두 번째 요인은 번역 비평이 활성화되지 못한 것을 들 수 있다. 한국 문학이 번역은 되었는데 정작 그 번역문에 대한 비평이 부재하다면 해당 사회 내에서 하나의 작품으로 인정받기가 어렵다는 것이다. 송순섭(2004)은 학술지를 통한 전문 비평이나 서평 뿐 아니라 신문, 잡지, 인터넷, 방송 등과 같은 대중매체 등에 한국 문학에 대한 이해를 넓힐 수 있게 하는 비평을 게재할 필요가 있다고 지적했다. 또, 역자의 서문이나 후기 등을 활용하여 작가의 작품세계에 대한 자세한 설명, 작품 속 문화에 대한 적절한 이해를 도울 수 있는 소개글을 게재해야 한다고 주장했다.

세 번째로 들 수 있는 요인은 번역을 하는 주체 즉, 번역가와 관련된 문제이다. 좋은 작품이 쓰여져야 한다는 당위성과 마찬가지로 누가 번역을 하는가는 한국문학의 외국어 번역에 있어서 매우 중요한 의미를 가진다. 김수용(2004)은 일본과 중국의 경우 1980년대 이후 현지에서 한국어를 연구하거나 문학을 연구하는 자국인들이 중심이 되어 한국 문학에 대한 번역 작업이 이루어진 반면, 스페인의 경우는 한국인 번역자에 대한 의존도가 타 언어권에 비해 상당히 높고 원어민 번역자는 보조적 역할을 했다고 밝혔다. 프랑스의 경우 이미 전문화된 공역자들이 자리를 잡아서 한국인 역자가 번역한 문장을 프랑스인 역자가 윤문하는 식으로 이루어지고 있는데 이 프랑스인 공역자들의 상당수가 한국어를 거의 모른 채 번역에 참여하고 있다는 점이 시정되어야 할 점으로 지적되었다[80].

2) 한국문학 번역가 양성

한국 문학 번역은 한국어와 한국 문학에 대한 지식을 갖춘 외국인이 모국어로 번역하는 것이 타당하다는 주장이 있는가 하면 한국적 정서를 잘 이해하고 문학의 토착성과 감흥을 잘 표현할 수 있는 한국인이 번역을 해야 한다는 주장도 있다[81]. 전자의 경우, 수요와 공급 즉, 한국어와 한국 문화에 대한 지식을 갖춘 원어민의 수가 절대적으로 부족하다는 문제가 있다. 그리고 해당 원어민들의 한국 작품, 정서에 대한 이해를 도울 수 있는 한국인과의 협력 체계가 반드시 필요하다. 후자의 경우, 외국어 구사능력이 문학적 감성과 문체를 전달할 수 있을 정도까지 도달해야 한다는 점이 관건이다. 프랑스어 번역의 경우와 같이 한국인의 번역을 외국인이 윤문하는 형식도 하나의 보완책이 될 수 있으나 그 경우 역시 앞서 지적한 대로 해당 외국인이 한국어와 한국 정서를 이해할 수 있을 정도의 지식을 가지고 있어야 한다는 점이 전제되어야 한다.

한국문학번역원에서 2008년부터 이루어지고 있는 한국문학 번역가 양성 과정은 한국문학의 외국어 번역에 있어서 번역가와 관련하여 대두될 수 있는 한계를 극복하고 적극적인 해결책을 모색하기 위해 만들어졌다. 영어권, 프랑스어권, 스페인어권, 독일어권, 러시아어권[82]에서 한국어, 한국문학을 전공한 사람들, 한국 문학에 관심있는 사람들을 인터넷, 직접 면담 등의 형식으로 모집하여 한국에서 2년간 체류하면서 한국 문학 번역 실습을 받을 수 있는 기회를 부여하는 것이다. 수료기간 중에는 문학 번역 실습 뿐 아니라 다양한 한국 작가들의 작품세계를 접할 수 있는 문화특강, 문학강독 등의 수업을 들을 수 있고 직접 번역하고 있는 작품의 작가를 만날 수 있는 작가와의 만남 기회도 주어진다. 이는 앞서 제기된 수요와 공급의 문제 즉, 한국어와 한국 문화에 대한 높은 이해도를 갖추고 있는 외국인 번역가를 양성하기 위한 방안이다.

번역을 통해 자국의 문학과 문화적 감성을 세계에 알리는 것은 단기적 홍보효과의 유무가 잣대가 될 수 없는 국가적 과제이다. 그 역할을 맡을 수 있는 주체를 양성하는 것이 중요한 까닭도 여기에 있다. 한국어와 같이 소수 언어의 경우 문학 번역이 가능한 수준까지 언어를 구사할 수 있고 문화, 정서, 사회를 깊게 이해할 수 있는 외국인 번역사의 공급이 원활하지 않을 수밖에 없다. 따라서, 장기적인 관점에서 지속적으로 국가차원의 지원이 이루어져야 하며 효율적이고 체계화된 교육 프로그램의 마련이 시급하다.

19세기 후반부터 전 세계 다양한 언어로 번역되기 시작한 한국 문학은 각국의 문학계에서 다양한 양상으로 진화하고 있다. 2016년에는 소설가 한강의 『채식주의자』가 세계 3대 문학상의 하나인 맨부커상을 수상하는 성과가 있었다. 한강의 수상에는 데보라 스미스의 영역이 큰 역할을 했으며 실제로 역자도 원문의 저자와 함께 맨부커상을 공동 수상했다. 한국 문학의 외국어 번역이 더욱 활성화되기 위해서는 앞서 언급한 것처럼 국가차원의 지원, 번역비평의 활성화, 전문 번역가 양성을 위한 노력이 꾸준히 경주되어야 할 것이다.

3) 번역의 실제

본 장에서는 필자가 한국문학번역원에서 한국어에서 러시아어로의 문학 번역 수업을 진행하면서 취합한 실제 번역의 예를 소개해보고자 한다. 2010년 한국문학번역원 러시아어권 강의를 수강한 학생은 총 4인이었으며, 국적상으로 3인은 러시아인, 1인은 우즈베키스탄인이었다. 앞서 한국 문학을 외국인이 모국어로 번역할 때에 제기될 수 있는 문제 중 하나로 한국어와 한국 문화, 문학, 정서 등을 제대로 공유할 수 있어야 한다는 점을 지적한 바 있다. 이들 4인은 대학교에서 한국어, 문화를 전공하였거나 민족적 기반이 한국인 경우에 해당하므로 기본적인 의사소통 이해능력에는 무리가 없었다. 필자가 수강생들의 번역문을 토대로 토론 위주의 수업을 진행하면서 많은 시간을 할애해서 논의해야 했던 문제점들을 중심적으로 검토해봄으로써 외국인 번역가 양성을 지원하는 데에 있어서 참고가 될 수 있는 자료를 제시해보고자 한다.

• 사회문화적 요인

수업 전 미리 제출된 번역문에 대한 검토 과정과 실제 수업 과정에서 많은 시간을 들여 토론했던 부분이 사회 문화적 배경이 달라서 원문 표현에 대한 이해가 어려운 경우였다.

> 두 떡공이한테 온몸에 가지색 피멍이 들도록 몽둥이 찜질을 당한 다음에 배에 물을 채우는 물고문을 당하다가 까무러치고 말았다. 그러자 떡공이들은 그 틈을 타 박동건의 <u>손가락에 인주를 묻히고 전향서에 손도장을 눌러버렸던 것</u>이다.

위 예문은 조정래의 '인간연습'의 일부분으로 전향을 원하지 않았던 장기수가 떡공이라고 불리우는 감옥 내 폭력집단의 고문으로 어쩔 수 없이 전향을 하게 된 과정을 묘사하고 있다. 이 부분에서 문제가 되었던 것은 바로 손도장을 눌렀다는 표현이다. 우리나라에서 본인임을 증명하는 수단으로 도장과 사인 대신 종종 사용되는 지문 날인은 러시아 사회에서는 전혀 찾아볼 수 없는 관행이다. 그래서 인주를 묻히고 손도장을 눌렀다는 표현을 그대로 번역해서는 러시아 독자들이 이해할 수 없다. 실제로 수강생들은 대부분 원문의 인주를 잉크로 바꾸어서 '손가락에 잉크를 묻혀서 종이에 찍게 했다'라는 식으로 번역을 했지만 그렇게 두었을 경우 무엇을 의미하는 행위인지 독자들이 이해할지는 장담할 수 없다. 전향서에 손도장을 누르는 행위 즉, 전향서를 자신이 썼음을 확인시켜주는 행위를 표현하기 위해서는 '박동건의 손을 잡고 억지로 사인을 시켰다' 등과 같이 바꾸어주어야 하지 않겠느냐는 의견이 제기되었다.

다음의 예문은 김연수의 '모두에게 복된 새해'에 나오는 일부분이다.

> 하지만 몇 번 피아노를 두들겨본 이 친구는 내가 모르고 있던 건반 두 개를 더 찾아낸 모양이었다. 모두 세 개의 건반이 아래로 내려갔다가 그 중 두 개가 서서히 위로 올라왔다. 말하자면 3할 3푼 3리.

외국인 노동자인 사트비르 씽이 주인공의 집으로 와서 피아노를 조율해주는 장면이다. 씽은 고장난 피아노를 조율하면서 건반을 두드려보다가 소리가 잘 나지 않고 눌러진 상태에서 다시 올라오지 않는 세 개의 건반을 발견했다. 다시 눌러보다가 그 중 두 개는 원래의 기능을 늦게나마 찾아서 다시 위로 올라오고 나머지 하나만 눌러진 상태에서 남아있는 상황을 묘사하기 위해 원문 작가가 쓴 표현이 3할 3푼 3리다.

3할 3푼 3리라는 표현은 비율을 나타내는 할, 푼, 리 등의 단위를 이용해서 0.333 혹은 3분의 1 의 값을 나타내는 데에 쓰이지만 현대 한국 사회에서는 야구 경기에서 타자의 타율을 나타내는 표현으로 더 익숙하다. 즉, 세 개의 건반 중 하나의 건반만이 고장난 것이므로 그 상황을 세 번 쳐서 한 번의 안타를 기록한 타자의 타율에 비유, 3할 3푼 3리라고 표현했다. 이런 표현의 경우 야구가 운동경기로서 전혀 흥행되지 않는 러시아어 문화권 화자들에게는 생소할 수밖에 없다. 그렇다고 원문 작가가 가볍게 야구경기에 빗대어 상황을 재미있게 묘사한 것을 3분의 1, 0.333 과 같은 표현으로 바꾸어주면 예기치 못한 진지함을 발생시킬 수 있기 때문에 그 역시 적절하지 못하다. 한 수강생에 의해서 재미있는 대안이 제시되었다. 다음은 그 학생의 번역문이다.

> Однако пенджбец, похоже, пока настраивал пианино, обнаружил еще две западающие клавиши, о которых я не подозревал. Он нажал на все три клавиши, и две из них медленно вернулись в исходное положение. Можно сказать, 2:1

3할 3푼 3리를 대신하고 있던 표현은 2:1 이라는 표현이었다. 3할 3푼 3리가 세 개의 건반 중 하나가 고장났다는 것을 야구에 빗대어 표현했다면 2:1은 두 개의 건반은 다시 올라오고 하나의 건반만이 고장난 것이었다는 상황을 축구에 빗대어 표현한 것이다. 한국 사회에서 야구만큼 러시아에서는 축구가 인기있기 때문에 작가가 야구에 빗대어 표현하고자 했던 비유적 간결함을 축구를 빌어 전달한 것이다. 위 두 가지 경우처럼 원문 표현이 사회 문화적인 배경과 긴밀히 연관되어 있는 경우 배경과 의미, 작가의 의도 등과 관련해 활발한 토론이 이루어졌고 다양한 번역 방법에 대한 의견을 나눴다. 첫 번째 예문의 경우 '도장처럼'이라는 표현을 넣어서 원문 표현을 유지시켜주면 한국 사회가 가지고 있는 독특한 사회적 색채를 러시아 독자들에게 전달해줄 수 있다는 의견이 있었다. 또 러시아 독자들이 이해할 수 있게 하려면 '사인을 하게 했다'는 식으로 바꾸어주는 편이 낫다는 의견도 제시되었다. 두 번째 경우에는 한 학생에 의해서 제시된 위의 번역이 타당하다는 의견이 지배적이었다.

• 호칭

호칭은 사회 구성원들의 관계를 규정짓고 의사소통 참여자의 태도를 알 수 있게 해주는 역할을 한다. 사회의 특수한 상황에 따라 발달된 호칭 구조가 다르기 때문에 번역에 있어서 많은 논란거리가 된다.

> '동지'란 단둘이 있을 때만 쓸 수 있는 호칭이었다. '동무'라는 호칭은 아예 안 되지만, '동지'라는 말도 남들의 눈초리를 끄는 호칭이었다.
>
> "아니, 아니, 내 다 이해해요. 자당님 입장도이해하고, 춘부장님 입장도 이해해요. 그러니까 양쪽 다 타당해요. 그리 복잡한 게 우리네 인생살이 아니겠소."

위의 두 예문은 한국 사회의 특수성으로 말미암아 세분화된 호칭 문제를 여실히 보여준다. '동지'는 어떤 일정한 목적을 위해 긴밀히 결합된 특정한 정치적, 반사회적 결사, 집단의 구성원 또는 상호간의 호칭을 뜻한다. '동무'는 보통 친하게 어울리는 사람을 가리켰으나 북한에서 '혁명을 위하여 함께 싸우는 사람'이라는 뜻으로 사용되면서 남한에서는 빈도가 현저히 줄어든 호칭이다. 러시아어에서는 같은 집단에 소속되어 있는 동지라는 뜻의 товарищ(따바리쉬) 가 있는데 공산주의가 막을 내린 이후에는 거의 사용되지 않는다.

'동지'는 товарищ로 표현이 가능하나 북한의 공산주의적 색채가 더 짙게 나타나는 '동무'에 대해서는 유사한 호칭을 찾기가 매우 어렵다. 친구를 뜻하는 друг(드룩), дружище(드루쥐쉐), соратник(사라뜨닉) 등의 대안이 제시되기는 했지만 북한 사람들 사이에 통용되며 남한 사람들이 거부감을 가지는 '동무'라는 의미를 표현하기에는 모두 부족하다. 결국 동무와 동지를 товарищ라는 단어 하나로 통일시키는 방법이 해결책으로 제시되었다. 즉, '동무'와 관련된 부분을 생략하는 것이다.

두 번째 자당과 춘부장은 다른 사람의 어머니와 아버지를 높여 부르는 호칭이다. 이런 호칭이 발달하지 않은 러시아어로 번역할 때에는 '당신의 어머니, 당신의 아버지'로 단순화시킬 필요가 있다.

아내의 얼굴은 변함없이 스물다섯 꽃다운 모습이었다. 그리고 또 다

> 른 아내의 모습은 소리 없이 우는 얼굴이었다.
> "임무 완수하고 꼭 돌아오세요. 당신은 잘할 거예요. 당신을 믿어요."

> "맞아요. 혜진은 『그리스인 조르바』란 책을 좋아합니다. 그럼 당신은 무슨 이야기를 합니까?"
> "저도 말합니다. 날씨, 음식, 음악, 책 말합니다. 저는 라흐마니노프 좋아합니다."
> "나는 당신이 피아노를 조율하리라고도, 라흐마니노프를 좋아하리라고도 생각하지 못했어요."

위의 예문들은 한국어의 '당신'이라는 호칭이 가지고 있는 다양한 함의를 어떻게 전달할 것인가의 문제이다. 이는 동시에 러시아어에서 T형과 V형으로 분화되어 있는 2인칭 호칭 구조를 한국어 표현 '당신'과 어떻게 연관을 지을 수 있는가와 관련있다. 첫 번째 예문은 '인간연습' 속 주인공 윤혁이 남파 간첩으로 내려오기 전 북한에 있던 부인과 나눈 대화이다. 그리고 두 번째 예문은 '모두에게 복된 새해'에서 주인공이 잘 알지 못하는 외국인 노동자와 나눈 대화이다.

한국어에서 '당신'은 듣는 이를 가리키는 2인칭 대명사다. 부부 사이에 서로를 높이거나 문어체에서 상대를 높여 부를 때 사용하고, 맞서 싸울 때 상대편을 낮잡아 이르려고 쓰기도 한다. 러시아어에서 V형에 해당하는 호칭 вы(브이)는 친분이 없는 사람이나 낯선 사람, 2인칭 복수 등으로 사용되고 아내와 남편, 부모와 자식 사이에는 모두 T형인 ты(뜨이)가 사용된다. 따라서, 러시아어로 번역할 때 첫 번째 예문은 ты로 두 번째 예문은 вы로 번역되는 것이 일반적이다.

김연수의 '모두에게 복된 새해'에서 외국인 노동자와 주인공이 나누는 대화는 대부분 '당신'이라는 호칭으로 구성되어 있다. 두 사람 모두 서로를 '당신'으로 부른다. 그런데, 여기서 한 수강생이 주인공이 외국인노동자를 부르는 '당신'은 V형인 вы가 아니라 T형인 ты로 옮겨야 하지 않냐는 문제를 제기했다. 주인공이 아내의 친구인 외국인 노동자의 등장을 반기지 않으면서 동시에 그에 대한 무시의 의미를 담아 줄곧 '당신'이라는 호칭으로 불렀을 수도 있다는 것이다. 실제로 한국 사람들이 일상 대화에서 상대방을 '당신'으로 지칭하는 일은 흔치 않으며 유쾌하게 받아들여지지 않는다. 수강 과정에 '작가와의 만남' 자리에서 직접 글을 쓴 김연수 작가에게 이와 같은 질문을 했는데, 작가 역시 주인공이 외국인 노동자를 부르는 '당신'이라는 호칭 속에는 멸시의 의미가 들어있다고 답했다. 한국어에서의 '당신'이 가질 수 있는 복합적인 의미를 러시아어의 2인칭 호칭인 T형과 V형으로 어떻게 전달할 것인지에 대한 문제가 심도있게 논의되었다.

• 언어적 요인

작품 내에서 한국어 자체의 음성적, 조어적 특성에 기반한 표현이 있을 경우 이를 어떻게 해결하는가의 문제이다.

"전향서, 그거 박 동지는 안 쓴 거라는 말을 하려는 거지요?"
윤혁은 박동건의 귀에다 입을 바짝 대고 낮은 소리지만 천천히, 또박또박 말했다.
"으........... 으........."

소련의 몰락과 북한 사회의 처절한 현실에 대해 충격을 받고 뇌졸중으로 쓰러진 박동건이 몸이 거의 마비된 상태에서 동지인 윤혁에게 무언가를 이야기하려고 애쓰는 부분이다. 그 이전에는 신음소리가 '어... 어...'로 표현되어 있었는데 윤혁의 질문에 대해서 대답을 하는 부분에서는 '으.... 으....'로 바뀌었다. 신음 소리가 '어'에서 '으'로 바뀐 것은 질문에 대한 대답으로 '응' 소리를 끝까지 내지 못한 것이다. 신음소리의 이러한 변화가 번역문을 통해서 어떻게 전달되었는가를 살펴보면 원래의 '어...어...'소리를 'о(오)'로 전달하고 이후의 '으'소리는 러시아어에서 긍정적인 답변을 의미하는 да(다) 를 이용, 'д, д'로 전달을 해주거나 да의 모음을 이용, 'а...а'로 바꾸어주었다.

박동건의 손가락이 떨리며 가까스로 그려낸 글씨는 '나'였다.
"나, 맞소?"
윤혁은 목소리를 좀 키우며 박동건을 쳐다보았다. 그가 희미하게 웃음을 지었다. 윤혁은 그 웃음이 그렇게 안쓰럽고 슬플 수가 없었다.
두 번째 글씨는 획이 많았다. 윤혁은 더 눈을 부릅떴다.
"전, 맞소?"
박동건의 입 언저리는 다시 웃음을 지어냈다. 그런데 글씨 그려내는 일마저 힘이 드는지 숨쉬는 게 거북해 보였다.

> 세 번째 글씨도 간단하지 않았다. 획 하나하나를 따라가다가 '햐'를 읽어낸 순간 윤혁은 머리를 치는 충격에 부딪혔다. 그리고 세 글자가 선명하게 떠올랐다. 전향서!

위의 예문은 마비가 된 박동건이 전향서를 쓰게 된 건 강요때문이었다고 말하기 위해 윤혁의 손바닥에 글씨를 써주는 부분이다. 마비 상태에서도 자신의 결백을 밝히기 위해서 어렵게 오랜 시간을 들여서 글씨를 써 내려가고 그것을 다 읽기 전에 윤혁이 무슨 뜻인지 알아채게 되는 장면이다. 한국어에서 여러 획이 모여서 하나의 글씨를 완성하게 되는 것과는 달리 러시아어에서 하나의 철자는 1획이나 2획으로 구성되기 때문에 위에서 글씨로 되어 있는 부분은 모음과 자음이 합쳐져서 만들어지는 '음절'이나 '단어'로 바꾸어 주어야 한다. 전향서를 나타내는 러시아어인 отказ(앗까스)는 한국어 전향서보다 길이가 짧고 그것을 구성하는 음절이 두 개밖에 되지 않기 때문에 원문에서 박동건이 어렵게 써 내려가는 글씨와 그 느린 속도를 나타내기 위해서는 뭔가 다른 방법이 동원되어야 한다. 그래서, 위의 예문에서 글씨로 표현된 부분을 철자(буква)로 바꾸고 отказ라는 단어의 철자 하나하나를 따로 분해해서 첫 번째 철자를 о, 두 번째를 т, 세 번째를 к로 표현해주는 것이 더 타당하지 않겠느냐는 결론을 내릴 수 있었다.

• 역사적 상황

그렇게 죽는 것이 두려우면 어서 전향을 하라는 정답이 있을 뿐이었다. '유신'바람이 일어나고 벌어지기 시작한 일이었다. '혁명공약'1조를 줄기차게 실천하는 셈이었다. 뒤늦게 안 일이지만 5.16 직후에 북에서 잠입해 들어온 황태성을 가차없이 죽여버리는 것이 박 정권의 반공주의였다. 황태성은 박정희의 대구사범 스승이자 그의 형과 절친한 친구로, 둘이 함께 일제시대부터 사회주의 운동을 해온 사이였다.

작품 내에 역사적 사실에 대한 서술이 등장할 경우, 번역사는 번역문 독자들에게 공유되지 않은 지식의 공백을 메우기 위해 여러 가지 수단을 동원할 수밖에 없다. 이런 경우 주로 각주를 이용하거나 텍스트 내에서 부가적인 설명을 덧붙이는 안을 생각할 수 있는데 위 예문에서처럼 하나의 문단 안에 '유신'과 '혁명공약', '5.16'이라는 역사적 사실이 한꺼번에 나오는 경우는 그 역사적 사실들 사이의 맥락을 러시아 독자들이 알기 쉽게 풀어서 하나의 각주로 연결시켜주는 것이 더 타당하다는 논의가 있었다.

즉, 위의 경우 시간적으로 가장 먼저 일어난 1961년 5.16 군사쿠데타, 그리고 그 쿠데타를 합리화하는 데에 사용되었던 혁명공약 6조항의 내용과 그 중 반공을 국시로 한다는 1조에 대한 설명, 그리고 이후 3선 개헌을 통해 다시 대통령직에 당선된 박정희 정권이 독재 유지를 목적으로 채택한 1972년 이후 유신헌법 발효시기를 '유신'이라고 부른다는 부가적 설명을 하나의 각주로 덧붙여주어야 한다는 것이다.

• 관용적 표현

관용적 표현에는 민족의 문화와 삶의 방식이 녹아 있다. 관용적 표현을 이해하고 그것을 적절한 외국어로 전달하기 위해서는 의미뿐 아니라 그것의 기능을 정확히 알고 있어야 한다.

> "그거 다행이오. 어쨌거나 여태까지 붙어 있는 목숨, 너무 상심말고 살아봅시다. 이 급변하는 세상을 보게 하려고 명줄이 긴 것인지도 모르니까. 옛말에, 개똥밭에 굴러도 이승이 좋다는 말 있지 않소. 또 봅시다."

> 박동건은 며느리에게 정성스러운 간호를 받을 수 있는 아무런 조건도 갖추지 못한 처지였다. 시아버지로서 힘을 발휘하려면 며느리가 군침을 흘릴 만큼 돈이 있어야 하고, 그것이 없으면 명예라도 있어야 할 것이다.

> 어머니 편에 서서 보면 어머니가 맞고, 아버지 편에 서서 보면 아버지가 맞고, 저는 어느 편도 들 수가 없어서 결국 포기하고 말았습니다. 그게 돈이 생기는 일입니까, 밥이 생기는 일입니까.

수강생들은 공통적으로 큰 어려움 없이 위 관용적 표현들을 이해했다. 이것은 해당 관용 표현들이 가지는 시니피앙과 시니피에 즉, 사용된 기호와 표현하고자 한 의미가 러시아어권 화자들에게도 공유되어 있기 때문이다. '개똥밭에 굴러도 이승이 좋다'라는 표현은 'хоть в собачьем дерьме, а всё ж жить лучше(개똥밭에서 살아도 사는 게 낫다)'로 옮겨졌고 '군침을 흘릴만큼'이라는 표현도 역시 'чтоб у невестки аж слюнки текли при мысли o наследстве(며느리가 재산 생각만 하면 군침이 돌 정도로)'와 같이 전달되었다. 세 번째 '돈이 생기는 일인가, 밥이 생기는 일인가'에서도 'Деньги что ли им платят за это? Кормят?(돈을 준답니까, 밥 먹여준답니까?)로 충분히 그 의미를 전달할 수 있었다. 관용표현에서 문제가 되었던 것은 씨니피에를 전달하는 씨니피앙이 두 문화권 사이에 일치하지 않는 경우였다.

> 그런 사람을 사형시켜버리는 판에 올챙이 간첩들에게 행해지는 전향 공작은 떡공이들 말마따나 '고마운 은혜'인지도 몰랐다.

> 설령 박 동지를 오해하고 멸시하는 사람들이 있어도 그건 그 사람들 잘못이에요. 박 동지의 진심은 하늘이 다 알고 있잖아요. 박 동지 양심으로 당당하면 되는 거예요.

위의 경우 '별로 중요한 존재가 아닌 하찮은'의 의미로 사용된 '올챙이', 그리고 '하늘이 알고 땅이 알고 내가 알고 네가 안다(天知地知子知我知(천지지지자지아지)'에서 비롯된 '하늘'이라는 대상이 문제가 되었다. 러시아 문화권에서 올챙이는 위와 같은 함의를 가지지 않기 때문에 수강생들 대부분이 해당 표현을 이해하지 못했다. 수업 중 토론을 통해 'неопытные засланцы с севера(경험없는, 미숙한 간첩)' 등과 같이 다른 서술적 표현으로 바꾸어 전달하자는 의견이 제시되었다.

'하늘이 안다'라는 의미로 러시아어권에서 사용되는 표현은 '하나님이 안다(Бог знает)'이다. 작품 중 등장인물들은 전향을 원하지 않았던 공산주의자들이었다. 그리고 해당 부분 이후 서술되는 장면에서 종교를 인정하지 않는 마르크스주의자였던 박동건과 기독교 신자였던 부인 사이에 죽음의 순간까지 화해할 수 없었던 대립이 그려진다. 따라서, 같은 공산주의자였던 윤혁이 박동건에게 위로를 건네며 말했던 '하늘이 다 안다'라는 표현을 러시아어로 같은 함의를 가지는 '하나님이 다 안다'로 바꾸어 주게 되면 공산주의자가 자신이 믿지 않는 종교적 관념을 신봉하는 것처럼 보여져서 전체 작품의 설득력이 떨어진다. 그렇다고 '모든 사람들이 다 알고 있다'로 바꾸면 '동지'라는 표현도 마음대로 할 수 없을 정도로 사회에서 소외되고 그 존재를 숨겨야 하는 비전향 장기수의 상황과 맞지 않는다. 수업 중 제시된 대안은 '내가 알고 당신이 알고 우리가 안다'와 같이 알고 있는 주체를 하늘이나 신이 아닌 당사자들로 축소시키는 것이다.

• 문체적 요인

사회문화, 호칭, 언어, 역사, 관용적 표현 등이 문화권의 상이함으로 말미암아 공통적으로 제기될 수 있는 문제라면 문체적 요인은 원문 작가 고유의 창조적 표현으로 인한 제약이다.

> 윤혁은 소주잔을 들며 따스한 눈길로 막내아들을 쓰다듬었다.
> 아내는 이 말을 하면서 웃으려고 애썼다. 아내의 얼굴은 웃음을 짓고 눈은 울고 있었다.

> 그건 말이 아니고 절망의 울음이었다. 그 울음은 홍수가 되어 박동건의 의지를 무너뜨리고 있었다.

위의 예들은 작가가 감성적 전달력을 높이기 위해 사용한 작가 자신의 문학적 표현이다. 위의 세 가지 모두 러시아어로 그대로 옮겼을 때 표현 자체가 어색해지고 감성을 전달하기 어렵기 때문에 각각 '따뜻한 눈길로 막내아들을 바라보았다', '아내의 입술은 웃고 있었지만 눈은 울고 있었다', '눈물이 홍수가 되어'라는 표현으로 바꾸어 주었다.

> 그들이 전향을 시키는 것만큼 해당 교도관들은 승진이 빨라지고, 직급도 달라지는 것이었다. 그 상부상조 앞에서 폭행은 신바람 난 춤을 출 수밖에 없었고, 그 고통을 견뎌내야 하는 것은 그야말로 사투였다.

작가 자신의 문체적 특성을 최대한 유지하면서 러시아어로의 전달력을 높여줄 필요성이 제기되기도 했다. 위의 경우 작가가 난무하는 폭행의 특성을 표현하기 위해 동원한 '춤'이라는 기제를 최대한 유지시킬 필요가 있다는 의견이 제시되었다. 그래서 'Безумный танец жестокости и насилия захватил связанных им людей(잔인과 폭행의 격렬한 춤이 감옥 안 사람들을 휘감았다)'로 옮겨주었다.

사회 문화적 배경, 호칭, 언어적 차이, 역사적 상황, 관용적 표현, 문체적 요인 등은 러시아 학생들이 수업에 참여하면서 공통적으로 어려움을 호소하거나 의견을 제시한 예들을 취합한 결과다. 실제 수업에서는 구어체적 표현이나 구체적 행위의 묘사를 제대로 이해하지 못하는 경우도 있었다. 대학교육이나 가족관계 등을 통해 한국어에 대한 지식을 갖추고 있다고 해도 문학작품을 제대로 이해하고 옮기기 위해서는 해당 언어 문화권의 삶과 문물에 대해 지속적인 관심을 기울여야 한다.

9. 번역 논쟁 – 자국화와 이국화[83]

번역이 가지고 있는 이율배반적이고 상호모순적인 특성은 사보리의 명제를 통해 확인할 수 있다.

번역은 원문의 단어를 드러내야 한다.
번역은 원문의 사상을 드러내야 한다.
번역은 원작처럼 읽어야 한다.
번역은 번역처럼 읽어야 한다.
번역은 원작의 문체를 반영해야 한다.
번역은 번역의 문체를 가져야 한다.
번역은 원작과 동시대의 것으로 읽어야 한다.
번역은 번역과 동시대의 것으로 읽어야 한다.
번역은 원문에 덧붙이거나 생략해도 상관없다.
번역은 원문에 덧붙이거나 생략해서는 절대 안 된다.
운문의 번역은 산문이어야 한다.
운문의 번역은 운문이어야 한다

(Savory, 1968, Newmark, 1981:38 에서 인용)

두 주인을 섬기는 것[84] 마냥 번역가는 충실성과 가독성, 직역과 의역, 원문 중심주의와 번역문 중심주의, 채색유리와 투명유리[85] 등 여간해서는 화해되지 않을 성 싶은 양 극단의 정의와 개념, 주의와 주장 사이를 줄타기 하듯 위태롭게 오간다. 연구하거나 업으로 삼는 사람, 평가나 비평을 즐기는 사람 모두에게 번역은 여한도 없이 이어지는 속앓이와 되뇌임을 선사한다. 수 천 년 전 시작된 번역의 역사를 들먹이지 않더라도, 수 세기동안 이어져온 논쟁의 흔적을 들춰내지 않더라도 이미 번역은 좋든 싫든 우리 삶 속에 뿌리를 늘어뜨린 나무둥치마냥 진득이 자리 잡고 있다. 둥치 위 가지와 잎새는 뒤흔드는 바람과 비추는 햇빛의 방향과 세기에 따라, 그리고 물과 거름, 때론 오물과 구더기를 돋우어 주는 조력자들의 노고에 힘입어 짙푸른 녹양을 뽐내기도, 앙상하고 곯은 몸 색을 드러내기도 한다.

본 장에서는 땅 속에서 둥치를 지탱하는 수많은 뿌리들 중 자국화와 이국화에 대해 살펴보고자 한다. 자국화와 이국화는 겉으로 드러나는 모양새로만 보면 바꾸어줄 것인가, 유지할 것인가의 문제로 비춰진다. 하지만 그것을 시도하게끔 하는 의도, 배경, 이유를 규명하다 보면 곧 번역의 역할과 기능, 번역가의 지위, 사회문화적 규범, 시대적 요구, 역사와 이데올로기까지 포괄하게 된다.

해묵었다 해서 그 묵직함이 덜어지지 않는 여타 논쟁과 마찬가지로 이 역시 섣부른 결론을 용인하지 않는, 과거에서 미래에 이르기까지 여전히 진행형일 주제다. 20세기 후반 소위 원문 중심주의와 번역문 중심주의로 극단의 견해를 보인 연구들을 중심으로 각각의 시각이 투영하는 번역에 대한, 더 나아가 번역가에 대한 성찰을 자국화와 이국화의 관점에서 되짚어 보려 한다. 그리고 이러한 성찰이 번역 연구에, 출판계 역서 비중이 20%를 넘는 우리의 번역 현실에 함의하는 것은 무엇이 있을지 가늠해 보고자 한다.

1) 자국화(domestication)와 이국화(foreignization)

라우트리지 번역학 백과사전(1998)은 번역전략을 크게 두 가지로 나눈다. 첫째는 번역이 이루어지는 해당 시기 자국 문화권에 지배적인 가치관에 부응하게 하는 전략이다. 이는 곧 번역이 자국의 규범과 출판 경향, 정치 노선 등에 부합해야 한다는 것을 의미한다. 둘째는 이와 반대로 자국의 지배적인 가치관을 배제하거나 개정하는 전략이다. 번역이 소외되었던 요소들에 관심을 보이는 동시에 자국의 규범에서 배제된 외국어 텍스트를 복원하고 새로운 가치관들을 개발하는 역할을 해야 한다는 것이다[86].

먼저 언급된 전략이 자국화에 해당한다. 외국 작품 번역시 의도적으로 원문이 가지고 있는 이국적이고 낯선 대상을 삭제하거나 자국어의 논리, 의미 전개에 부합하도록 다른 표현으로 대체하고 원문에 없는 내용을 삽입해서 자국에 지배적인 가치 확립에 초점을 맞춘 번역을 총칭한다.

우월한 지위를 누리고 있던 라틴어와 비교했을 때 통속어에 불과했던 자국어에 대한 열등감으로 16세기 프랑스에서는 축어역이 지배적이었다. 라틴어로 쓰인 원문에 대한 숭배에서 비롯된 이러한 번역 관행에 맞서 17, 18세기 프랑스에서는 자국화 번역 양상이 두드러졌는데, 그 단초를 1540년 에티엔 돌레가 발표한 『하나의 언어를 다른 언어로 번역하는 법』에서 찾아볼 수 있다.

> 번역가는 자기가 옮기는 책의 내용을 잘 이해하고 있어야 한다.
> 원어와 번역어에 대한 지식이 모두 깊어야 한다.
> 단어 하나하나를 그대로 옮겨놓는 식의 번역은 하지 말아야 한다.
> 언어에는 특유의 구조가 있기 때문에 원문과 번역문의 단어와 단어, 행과 행, 시구와 시구를 대응시켜야 한다는 강박관념에서 벗어나야 한다.
> 부득이한 경우가 아니면 라틴어에서 들어온 별로 쓰이지 않는 단어는 피하고 누구나 이해할 수 있는 일상어를 써야 한다.
> 웅변술을 본받아 머리만이 아니라 귀도 만족시킬 수 있는 전체적으로 조화를 이루는 문체를 구사해야 한다.
>
> (Bassenett, 1996:14 에서 인용)

단어 대 단어로 번역하는 축어역을 지양해야 한다, 고어나 라틴어가 아닌 일상에서 통용되는 언어를 사용해야 한다, 번역하는 언어인 모국어 구사능력이 원문 언어 못지않게 중요하다 등 공식 교회어로서 라틴어의 지위가 굳건하던 당시 시대 상황을 고려하면 가히 파격적이었다.

돌레는 라틴어본 『악시오코스』를 프랑스어로 번역한 후 1547년 교수형에 처해졌는데 이유는 원문에 없는 내용을 삽입했다는 것이었다. 악시오코스와 소크라테스의 죽음에 대한 대화 중 "죽고 나면 아무 것도 없는 것"이라는 표현 앞에 '무(無)로 돌아간'이라는 표현을 삽입했는데 당시 교회는 이 표현이 영혼을 부정한다는 의미를 가질 수 있다고 판단했던 것이다. 아름답지만 부정한 여인을 뜻하는 벨 엥피델(Belles Infidéles) 논란을 일으킨 장본인 페로 다블랑쿠르를 비롯해 인쇄술의 발달로 출판이 왕성하게 이루어지면서 번역에 대한 수요가 급증한 17, 18세기 프랑스에서는 라틴어에 뒤지지 않는 아름다운 자국어를 발전시키려는 움직임도 더해져 자국화 전략이 지배적이었다.

위 번역 전략 중 후자는 이국화를 뜻하는데 외국어 텍스트에 등장하는 언어 문화적 차이를 유지시키고 번역문 독자에게 노출시킴으로써 이질적 담화를 시도하는 번역 방법을 뜻한다. 독일 고전주의와 낭만주의시대에 발전하기 시작한 이국화 전략의 시발점이 된 학자로 슐라이마허를 들 수 있다.

1813년『번역의 다양한 방법에 대하여』라는 강연에서 별개의 존재인 저자와 독자를 결합시킬 수 있는 방법은 두 가지뿐으로 "가능한 한 작가를 내버려두고 작가에게 독자를 움직이거나, 독자를 그냥 놔둔 채 작가를 독자에게로 데려가는 것"이라고 주장했다[87]. 그는 원문의 작가에게 독자가 다가가게 하는 것, "원문의 어구에 보다 가깝게 따르는 번역일수록 이국적인 것을 더 많이 가지고 독자를 매혹시킬 것"이라고 주장하고, 이국적인 것, 낯선 외국어와 다양하게 접촉함으로써 독일어가 더욱 풍요로워질 것이라고 말했다.

괴테 역시 독일시에 6보격 운율을 도입해『일리아드』와『오딧세이』를 독일어로 번역한 포스(Voss)에 대해 "처음에는 대중이 전혀 반기지 않았지만 점차 그들의 귀가 새로운 번역방식에 익숙해져 편안해졌다"고 평가하고 새로운 시 형식을 독일 독자들에게 소개한 그의 이국화적 번역에 찬사를 보냈다[88].

• 자국화

자국화는 곧 '나'에게 익숙한 것으로 이끌고 가는 결정, 행위를 뜻하며 여기서 '나'란 번역을 받아들이고 읽는 수용자인 번역문의 독자, 번역문 문화권에 지배적이고 익숙한 가치로 확장된다. 번역문을 읽는 독자가 어색하고 낯설음으로 인해 당황하지 않아야 하고, 원문의 독자가 원문을 통해 느끼고 생각하지 않았을 법한 어색함으로부터 번역문의 독자 역시 자유로울 수 있어야 한다는 것이다. 이는 원문의 독자가 원문을 통해 얻는 효과, 반응이 번역문 독자들에게도 동등하게 나타나야 한다는 나이다의 역동적 등가 개념과 맞닿아 있다.

> 역동적 등가는 번역문 독자들이 번역문을 읽고 어떻게 반응하는가가 원문 독자들의 반응과 어느 정도 일치하는가에 따라 규정되어야 한다.
>
> (Nida & Taber, 1969:24).

등가의 효과와 반응을 담보하기 위해서 원문 독자들이 원문을 읽을 때와 같이 번역문 독자들은 번역문을 자연스러운 자국의 텍스트와 같이 받아들이고 읽어낼 수 있어야 한다. 다시 말하면 "역동적 등가 차원의 번역은 표현의 완벽한 자연스러움을 추구한다"(Nida 1964:159)는 것이며, 번역가는 원문의 언어적 흔적을 유지한 번역투(translationese)나 포자미(faux ami) 등 언어간섭을 최소화하면서 가능한 번역문 문화권 규범과 관습에 부합하는 텍스트를 만들어 내야 한다.

서양 문화권의 '심장'을 아프리카어로 그대로 옮겨주어서는 그 의미를 전달할 수 없기 때문에 그와 유사한 의미를 가진 '간'으로 바꾸어주어야 한다거나, '양'이라는 동물 자체가 생소한 에스키모 문화권의 언어로 성서의 한 구절인 'Lamb of God'을 옮겨주기 위해서는 서양권에서 '양'이 가지는 함의를 전달할 수 있는 에스키모 사회내의 대상을 찾아서 예를 들면 'Seal of God'처럼 바꾸어주어야 한다는 것이다.

번역이 단순한 언어 전환 과정이 아닌 의사소통 행위로 부각되면서 그 행위에 참여하는 참여자들의 역할 역시 중요하게 대두된다. 상이한 문화권 독자들이 상이한 역사, 사회, 경험을 가지고 있음으로 인해 필연적으로 발생할 수밖에 없는 간극을 그대로 두어서는 양 문화권 사이의 의사소통 자체가 불가능해진다. 따라서 의사소통에 참여하는 번역가의 개입, 역할, 더 나아가 단순한 모사가 아닌 창조적 작업으로서 번역 행위에 대한 조명으로 이어진다.

쿠즈마울(Kussmaul, 1995, 2000)은 창조적 번역에 대해 "원문과 비교했을 때 변화가 있어서 새로운 것으로 간주되며", "주어진 일의 목적 즉, 번역의 목적에 부합하는 것"이라고 규정한다. 원문에서 기대하거나 예측할 수 없었던 선택을 하되 그 선택이 임의적인 것이 아니라 전체 번역의 목적에 부합해야 한다는 것이다. 구도 바꾸기(changing the perspective)와 초점 바꾸기(changing the focus)라는 창조적 사고를 바탕으로 총 5가지의 창조적 번역 방법을 제시하는데, 여기에는 소설 주인공의 이름을 다른 이름으로 바꾸거나[89] 서술적 표현을 비유적 표현으로[90] 옮기는 것, 구체적 표현을 좀 더 추상적 표현으로 바꾸어주거나 장면의 효과를 배가하기 위해 원문에는 없는 표현을 첨가하는 것[91], 그리고 번역문 문화권에는 없는 대상을 신조어를 통해 만들어내는 것[92] 등이 포함된다.

번역 이론이 의사소통에 관한 포괄적인 이론이 되어야 한다고 주장한 페르메르(Vermeer, 1989) 역시 번역을 하는 데에 있어서 번역문 문화권에서 일상화되어 있는 문화적 규범과 관습을 따르지 않으면 의사소통 행위로서의 번역은 그 행위의 목적을 달성할 수 없다고 강조한다.

텍스트 유형이 가지는 규범과 관습의 문제를 고찰한 쿠즈마울(Kussmaul, 1997)은 영국과 독일의 학술 담화를 분석한 결과를 토대로 번역문 문화권에 내재된 규범을 준수하는 것이 얼마나 중요한 것인지를 역설했다. 영국에서는 상대 학자의 의견을 비판할 때 질문 등의 형태로 보다 완곡하게 의사를 전달하는 반면, 독일에서는 직접적으로 상대 학자의 약점을 지적하는 것이 일반적이다. 학술 논문의 경우에도 독일에서는 비교적 각주를 많이 인용하고 자신이 논술하고자 하는 바와 직접적으로 관계가 없는 많은 이야기들을 장황하게 늘어놓는 경향이 있는 반면,

앵글로 색슨 문화에서는 보다 직접적이면서도 선적인 논증구조를 선호한다. 쿠즈마울은 실제로 영국 사람의 논문을 독일어로 번역했을 때 독일어권 독자들이 논문으로 수용하는 데에 필요한 기대를 충족시키기 위해서 번역문에 각주를 첨가했다고 한다. 원문과 번역문과의 상관관계, 등가를 넘어서 번역이 사회 문화 내에서의 소통을 위해 충족시켜야 하는 규범에 비추어 번역문이 받아들여질 수 있는가를 의미하는 수용가능성(acceptability)으로의 축 이동을 감지할 수 있다.

원문으로부터 번역문을 해방시키고 "원문의 폐위"(dethronement of source text)(Reiss & Vermeer 1984:72, Nord 1997 에서 인용)를 시도한 텔아비브 학파의 투리(Toury)는 더 나아가 원문과 비교분석을 통해 등가가 구현되지 않았을 경우 그에 해당하는 처방을 내리는 처방적(prescriptive) 접근의 한계를 지적했다. 번역은 그 자체로 해당 사회문화 내에서 기능하는 바, 위치하는 현상대로 분석되고 수용되어야한다는 입장을 토대로 기술적(descriptive) 측면에서 번역에 접근했다. 번역은 원문과의 관계를 통해서 규정될 수 있는 것이 아니라 자국의 규범이 암묵적으로 적용되는 "번역문 문화에 속한 사실"(Toury, 1995:29)임을 단언한다.

• 이국화

『번역가의 과제』에서 벤야민은 번역이 단순히 낯선 언어로 된 원문의 의미를 재현하는 작업이 아니라 번역을 통해 원문이 새로운 힘을 얻게 된다고 표현한다. 번역을 "원작의 영원한 삶과 언어의 끝없는 재생에 점화하는 것", "새로이 언어의 성스러운 성장을 시험해보는 것[93]" 즉, 텍스트가 다른 시간에 생명력을 지속할 수 있게 하는 힘으로 규정하고, 원작은 번역됨으로써, 번역에 의거하여 오히려 더 가치 있을 수 있다고 주장한다(윤성우, 2010).

> 원작의 언어가 가치와 품위를 적게 지니면 지닐수록, 그것이 전달에 가까우면 가까울수록 번역을 위해 얻을 수 있는 것은 그만큼 적으며, 결국에 그러한 (의역이 추구하는) 의미의 비중이 과도하게 커짐으로써 그것이 풍부한 형식의 번역을 위한 지렛대가 되기는커녕 번역을 좌초시킨다.
>
> (벤야민, 2008:141)

바스넷이 "벤야민에 있어 번역은 해방 활동이며 번역가는 해방가이다"(Bassnett, 1996:22)라고 표현한 것처럼 벤야민의 번역, 번역가에 대한 태도는 여러 학자들에 의해 다시 읽히면서 다양한 번역담론을 형성하는 데에 기여한다. 그 중 베르만은 독일 낭만주의 시대의 번역에 대한 사유를 담은『낯선 것으로부터 오는 시련』에서 번역에 가해지는 은폐와 종속, 의혹에 대해, 그리고 독립적인 직업인으로 간주되지 못하는 번역가의 지위에 대해 언급하고 그것을 모든 문화에 주도적인 자민족중심주의와의 충돌과 연관선상에서 고찰한다.

> 번역의 지향 자체가 타자와의 어떤 관계를 텍스트 차원에서 열어가는 것이자 낯선 것을 들여오는 매개작업을 통해 자국적인 것을 풍요롭게 하는 것이기에 모든 문화가 가지는 자민족중심주의적 구조와 정면으로 충돌한다.
>
> (베르만, 2009:17)[94]

다른 문화와의 교류나 관계 맺음 없이 살아가고자 하는 자족적 특성을 가진 모든 문화는 본질적으로 다른 문화를 압도해서 자기 것으로 만들고자 하는 자민족중심주의적 성향을 가지는데[95], 그럼에도 불구하고 번역의 본질은 "열림, 대화, 혼혈, 탈중심"이고, 관계맺음 이외에는 아무것도 아니라고 강조한다.

다른 나라의 작품이 가지고 있는 낯섦을 부정하는 번역은 나쁜 번역이며 이런 자민족 중심적 번역은 원문의 체계를 파괴하게 된다고 지적하면서 베르만은 "원문의 언어에서 드러나지 않았던 작품 속 무언가가 번역을 통해 드러나게 되며, 번역은 원전을 다른 각도에서 돌려보게 만듦으로써 원전의 이면을 드러내준다"고 밝힌다(앞의 책: 23). 번역이 원문에 새로운 힘을 부여한다는 벤야민의 견해와 같은 궤도를 유지함을 알 수 있다. 낯섦과 고유함에 대한 성찰을 이어가면서 "낯섦의 시련을 통과하면서 우리 자신에게서 벗어나 타자를 만나게 되고 그 만남을 통해 달라지며 동시에 우리 자신을 알게 된다는 것"(정혜용, 2012:20)이다. 20세기 베르만을 위시한 소위 '직역주의'로 불리는 이론의 등장은 17,18세기까지 이어진 자국화 번역에 대한 반작용으로 19

세기 프랑스에서 힘을 얻기 시작한 직역 중심 번역 양상[96]의 연장선상에서 고찰되기도 한다(쓰지 유미, 2001:147~150).

"현재 영어는 세계에서 가장 많이 번역되는 반면 다른 언어를 번역하는 데는 가장 인색한 언어"(Venuti, 1995:12~14)라고 표현하면서 베누티는 오래 전부터 영어권 특히 영국과 미국에 널리 퍼져 있던 자국화적 번역 읽기, 평가하기 관행에 비판을 가했다. 그는 자국화 번역은 결국 자국어 즉, 영어의 세계적 지배를 고착하고 불공정한 문화 교류에 기여한다고 주장한다. 번역된 텍스트가 "그것이 산문이든 시이든, 픽션이든 논픽션이든 유창하게 잘 읽혀야 출판업자, 리뷰어, 독자들에게 수용 가능한 것으로 평가"(Venuti, 1995:1)되는 현실을 비판하고 영어권에 팽배한 유창성의 이면에는 외국의 색채를 자국화해서 자국민 중심주의를 확대하고 투명성이라는 환상을 통해 번역가의 지위를 부차적 수준으로 끌어내리려는 논리가 자리한다고 단언한다.

> 유창한 번역은 즉각적으로 인식, 이해가 가능한 자국화된 번역으로 ... 유창한 번역에서 번역가는 투명함이라는 환각적 효과를 만들어내며 자신의 번역을 '보이지 않게(invisible)' 만들게 되고 번역된 텍스트가 번역된 것이 아닌 '자연 그대로의' 것인 양 번역의 지위를 은폐하게 된다.
>
> (Venuti, 1995:5)

이국화하는 번역은 자국 문화권에 팽배한 문화적 코드를 억제하면서 외국 텍스트가 가진 차이점을 드러내주고 그와 동시에 자민족 중심주의를 제지할 수 있다고 평한다.

> 이국화 번역은 번역이 가지고 있는 자민족 중심적인 폭력을 억제시킬 수 있기 때문에 오늘날 가장 바람직한 방법이며 세계가 처한 현 상황에서 전략적인 문화 개입이 될 수 있다. 이는 영어권 주도적인 문화 교류에 반기를 드는 것이며 ... 민주주의적인 지정학 관계를 지향하고 자민족 중심주의, 인종차별, 문화적 나르시시즘과 제국주의에 저항하는 형식이다.
>
> (앞의 책:15)

이어 자국화 번역 전략은 외국 텍스트에 자국적 가치에 편중된 편파적인 해석을 새겨 넣으며 번역이 전달하게 되어 있는 차이점 자체를 축소, 배제시킨다는 견해를 피력하며 번역이론에서 자문화 중심적 폭력을 보여주는 예로 나이다를 든다. 나이다가 주장하는 역동적 등가는 번역어 표현의 자연스러움을 강조하는데 이것은 결국 번역문을 자국 문화의 가치에 부합하게 하면서 자국민 중심주의를 고착하는 데 기여한다는 것이다. 베누티가 이국화 번역을 주장하는 이유는 "외국 텍스트가 가지고 있는 언어적, 문화적 차이를 드러내면서 수용자 문화에 지배적인 가치에 반기를 들 수 있는 이론과 실제를 발전시키기 위함(앞의 책:18)"임을 천명한다.

『번역의 윤리』에서 베누티는 "번역이 마치 순조롭게 이뤄지는 의사소통 행위인 양 번역의 자국화적 본질을 은폐하는 모든 문학 번역에 의심의 눈길을 보내는 베르만과 입장을 같이 한다(베누티, 2006: 26)[97]"고 밝힌다. 그는 이국화에서 더 나아가 다수의 대중, 지배적인 문화의 반대급부라고 할 수 있는 소수화하는 번역을 지향한다고 말한다. 번역 대상 텍스트 자체가 자국의 취향을 만족시키기 위한 목적으로 선택되기 때문에 해당 텍스트를 선정하는 단계부터 번역의 자국화적 본질을 폭로할 수 있는 선택을 해야 한다는 것이다. 대중에게 부합, 접근하는 번역이 반드시 민주적인 것이 아니며 베누티 자신이 선호하는 번역대상은 번역문 문화 뿐 아니라 원문 문화 내에서도 소수적인 성격을 지니고 있는, 주변적인 텍스트라는 것을 강조한다.

그 예로서 19세기 이탈리아 작가 타르케티의『환상적인 이야기들(Fantastic Tales)』을 번역했던 자신의 경험을 소개한다.

> 나의 번역은 이탈리아 텍스트를 원문에 가깝게 직역하고 있으며 영어 번역문을 적절한 의고적 형태로 꾸미기 위하여 자주 차용어(calque)를 사용하고 있다.
>
> (베누티, 2006: 32)

『한 죽은 자의 뼈』를 번역하면서는 이탈리아어 원문에서 문장을 자주 중단하는 경향을 표현하기 위해 영어에서는 의고적 문체를 사용했으며 'and I could never'와 같은 표현을 보다 고어체적인 'nor could I ever' 로 바꾸어주고, 되도록 이탈리아 원문과 같은 어근을 가지는 단어를 선택했다. 베누티는 문화적 저항, 혁신, 변화의 가능성을 창조하는 것에서 번역의 역할을 찾고, 번역이 자국적 가치에 복무하기 위해 외국적 특성, 이질성을 배제하는 현실을 개탄한다.

2) 선택과 결정

어떤 전략의 틀에서 접근하는가에 따라 같은 현상도 상이하게 해석되는 것을 알 수 있다. 베르만과 베누티가 추구하는 이국화 전략의 관점에서 보면 등가의 효과와 반응을 담보하기 위해 번역문이 갖추어야 할 자질이라고 나이다가 주장한 "완벽한 자연스러움(Nida, 1964:159)"은 원문 문화보다 자국의 문화를 더 우월시하는 자국민 중심주의의 발로다. 이는 유창한 번역이라는 미명 하에 번역가를 더욱 보이지 않게, 그 지위 격하에 중심적 역할을 하는 매개로 작용한다. 쿠즈마울이 창조적 번역을 위한 방법으로 제시한 이름 바꾸기나 서술적 표현을 비유적 표현으로 바꾸거나 없던 표현을 첨가하는 것 역시 "이국의 작품을 수용 언어의 문화적 규범에 맞춰 조정하고자 하는... 그로써 원 작품을 배신하는 결과에 이르게 하는 행위(베르만, 2009:16-17)"로 해석된다. 이국화 관점에서 접근했을 때 가장 훌륭한 번역은 외국 텍스트의 낯선 모습을 그대로 자국 독자들에게 보여주고 그를 통해 자국어의 패권적 지위를 흔드는 번역이 된다. 고대, 중세

시대의 라틴어와 고전주의시대 프랑스어, 그리고 오늘날의 영어가 낯선 것의 시련을 거부하며 문화적 헤게모니를 장악하려는 자기중심적 저항(윤성우, 2010)을 보였다. 이에 대한 반대 급부로 이국화 번역은 독일 낭만주의, 프랑스 포스트모더니즘에 이어 베누티를 필두로 하는 현대 미국의 이국화 이론으로 이어진다.

번역문이 번역문 독자가 속한 사회 문화의 규범에 부합, 수용 가능한 것으로 받아들여지기 위해 충족시켜야 하는 전략으로서의 자국화든, 낯선 것의 체험을 가능하게 함으로써 패권주의적 지배 가치에 반기를 드는 문화적 저항으로서의 이국화든, 공통적으로 문제를 제기하는 것은 번역과 번역가의 주변적 지위다. 바스넷은 앞서 언급된 돌레의 5가지 번역방법론을 인용하면서 돌레가 "원문 텍스트에 노예화되는 것을 거부하고 번역가의 자유를 선언(Bassnett, 1996: 16)한 인물임을 강조한다. 창조성이 발현되어야 하는 활동으로서 번역을 규정하는 쿠즈마울 역시 무에서 유를 창조하는 원문의 창작만큼 번역이 창조적 활동임을 지적한다. "번역가의 활동을 하나의 독립적인 직업으로 간주하는 것이 거의 불가능(베르만, 2009:15)"한 상황이 되었음을 개탄한 베르만과 자국화 번역이 번역가를 보이지 않는 존재로 만들어버린다고 주장한 베누티 역시 원문의 저자에 비해 주변적, 부차적 위치로 전락한 번역가의 지위에 대한 문제의식을 제기한다. 그러나 이러한 주변적 지위를 극복하기 위해 제시되는 방안은 '원문에서 해방되는 것(바스넷, 쿠즈마울)'과 '원문의 이국적 색채를 드러냄으로써 번역가를 보이게 만드는 것(베르만, 베누티)'의 양극단으로 상이하게 나타난다.

번역가의 의도 혹은 번역문 문화의 요구에 의해 두 가지 전략 중 하나를 선호한다고 해도 실제 번역 활동은 수많은 선택과 결정의 과정을 내포한다. 속담, 격언, 관용구 등 굳어진 표현은 문화권 특유의 색채를 담고 있고, 개별 단위를 합해도 전체 의미의 몫과 같아지지 않기 때문에 번역에 어려움을 야기한다.

Язык не поворачивается.
혀가 돌아가지 않는다.
Российская армия оказалась между двух огней.
러시아 군대는 두 개의 불 사이에 놓였다.

위 두 예문은 각각 푸틴대통령의 자서전과 풀리코프스키 전권대표의 회고록에 등장한 관용구로 실제 한국어 번역문에서 "입이 떨어지지 않는다"와 "사면초가"라는 관용구로 번역이 되었다. 나이다의 역동적 등가, 쿠즈마울의 창조적 번역에 상응하는 결과라고 할 수 있다. 위 표현을 "혀가 돌아가지 않는다"와 "두 개의 불 사이에 놓였다"로 옮길 경우 원문이 의도한 효과를 전달할 수 없는 동시에 의도하지 않은 효과를 야기함으로써 번역문 문화권에서 저항 없이 수용되기 어렵다. 이와 유사한 이유에서 "Too many cooks spoil the broth(요리사가 너무 많으면 요리를 망친다)"는 한국어로 "사공이 많으면 배가 산으로 간다", 러시아어로는 "У семи нянек дитя без глазу(유모가 일곱이면 아이가 돌봄을 받지 못한다)"로 옮겨질 수 있다.

속담이나 격언을 번역하는 데에 있어서 어느 번역가든 자국화와 이국화 사이에서 갈등을 할 수밖에 없다는 사실을 지적하면서 김욱동(2012)은 "암탉이 울면 집안이 망한다"라는 속담을 자국화와 이국화의 관점에서 어떻게 번역할 수 있는지를 제시한다.

암탉이 울면 집안이 망한다

이국화: When the hen crows the house goes to ruin. (직역)

자국화: It is a sad house when the hen crows loudest.
(It is a sad house when the hen crows louder than the cock.)

위 예문에서 전자는 위 속담을 그대로 직역해서 이국화한 예이며 후자는 암탉이라는 매개를 이용해 기존 영어권에서 널리 사용되던 표현으로 바꾸어 자국화한 예에 해당한다. 비교문체적 관점에서 번역 방법을 분석한 비네이 & 다르벨네(Vinay & Darbelnet, [1958] 1995)는 속담과 격언 등 굳어진 표현을 번역할 때 유사한 함의를 가지고 있는 번역문 문화권 내 기존 표현을 이용하는 등가의 방법이 유용하다는 견해를 제시했는데 김욱동 역시 속담의 번역은 "이국화보다는 자국화가 바람직하다(김욱동, 2012:17)고 밝힌다.

이러한 자국화의 논리가 굳어진 표현의 번역에 예외 없이 적용 가능한 것일까. 원문 독자와 번역문 독자가 동일한 반응을 보일 수 있도록 의미상 등가를 추구해야 한다는 논리가 자칫 번역문 독자로 하여금 외국 작품을 주체적으로 수용할 수 있는 권리를 박탈할 수도 있다는 점을 정혜용(2012)은 다음과 같이 지적한다.

> vendre la peau de l'ours avant l'avoir pris (곰은 잡지도 않고 가죽 먼저 팔다)

위 예문은 20세기 초 프랑스 시골을 배경으로 한 루이 페르고의『단추 전쟁』에 등장한 표현으로, 다툼이 일곤 하는 두 산골 마을의 아이들 중 한 마을의 참모격인 라 크리크의 입을 통해 나왔다. "아직 어리지만 제법 문자를 쓰는"이라는 수식어구를 통해 알 수 있듯이 속담을 인용할 정도로 똑똑한 어린이라는 사실이 암시된다. 20세기 초엽의 프랑스 사회문화적 색채가 강하게 배어있는 작품에 등장한 위 표현을 등가 이론에 입각해서 번역하면 "떡 줄 놈은 생각도 안하는데 김칫국부터 마신다"가 된다. 정혜용은 라 크리크의 입을 통해 불쑥 등장한 "김치", "떡"이라는 한국 특유의 상징물들이 "외국 문화의 낯섦을 걸러내어 한국 독자들의 이해를 돕는 대신, 오히려 전반적인 낯섦 속에서의 뜻하지 않은 친숙함으로 인해, 작품이 예비하지 않은 부조리한 느낌을, 심지어 코믹한 느낌을 주게 된다(정혜용, 2012:71)"고 지적한다.

원문에 짙게 배어 있는 사회문화적 색채와의 충돌 이외에도 원문이 속한 장르나 텍스트 유형, 양 문화권 독자들 사이에 공유된 지식 정도, 해당 표현이 텍스트 전체 내에서 가지는 기능 등 자국화와 이국화 이면에는 수많은 변수와 그로 인해 야기되는 틈새가 존재한다. 다양한 변수의 상호작용 속에서 자국화를 추구한다고 해도 "vendre la peau de l'ours avant l'avoir pris"를 "곰은 잡지도 않고 가죽 먼저 팔다"로, 이국화를 선호해도 "암탉이 울면 집안이 망한다"를 "It is a sad house when the hen crows loudest"로 번역하게 되는 상황이 충분히 가능한 것이다. 번역은 거시적 측면의 자국화와 이국화라는 전반적인 번역 방향, 전략이 수립된 상황에서 수많은 변수가 상호 영향을 미치며 미시적 선택과 결정을 이끌어내는 작업이다.

3) 번역 풍토

"독자를 저자에게 데리고 가거나, 저자를 독자 쪽으로 데리고 오는"것으로 번역 방법을 규정한 슐라이마허를 언급하며 이희재(2009)는 번역 방향 수립에 영향을 미치는 거시적 기준으로 한 나라의 번역 풍토를 든다. 그리스 문화에 대한 경외심으로 직역 중심 번역이 지배적이던 프랑스가 차츰 절대 왕정의 틀을 갖추어 강국으로 부상하면서 자기 문화와 말에 대한 자부심을 갖게 되고, 이로써 자국화 번역을 선호하게 된 상황은 이미 전술한 바 있다.

이희재는 프랑스의 자국어 중심적 번역 성향이 당시 프랑스로 망명했던 영국 귀족들에게 영향을 주었던 사실을 언급하며 이로 인해 영국에서도 그리스어, 라틴어보다 영어에 보다 충실한 번역을 하게 된 사실을 상기한다. 이러한 풍토는 영국이 신대륙 정복과 산업 혁명을 거치며 해가 지지 않는 나라로서 맹위를 떨치게 되고, 이어 2차 대전 이후 미국이 초강대국의 지위를 획득하게 되면서 영어권에서 더욱 고착되었다.

메이지 유신 당시 번역국을 설치해서 서양문물을 게걸스러울 정도로 흡수하기 시작한 일본의 경우는 반대로 원문을 직역하는 풍토가 강했다. 이는 발전된 서양의 문물을 일방적으로 받아들이면서 원문을 신성시하고 원문의 뜻을 최대한 살리려고 한 것에 기인한다. 그러나 70, 80년대 경제의 도약과 더불어 자국의 사회, 문화에 대한 자부심이 커지면서 "자연스러운 일본어로 가독성을 높이는 번역을 선호하는 쪽으로 돌아섰다(이희재, 2009:27)."

자국화와 이국화 중 어떤 것을 선택하는가에 있어서 영향을 미치는 거시적 번역 풍토는 결국 한 문화권이 다른 문화권과 관계 맺음을 하는 방식과 긴밀하게 연관되어 있음을 알 수 있다. 한문으로 책을 읽고 글을 쓰다가 자국의 글자가 만들어진 다음에도 여전히 한문을 고집하던 조선시대, 식민지로서 일본어를 공식어로 사용할 수밖에 없었던 일제 강점기는 차치하고라도 해방 이후 현재에 이르기까지 한글, 한국어가 다른 문화권과 어떻게 관계를 맺어 왔는가는 외국의 문헌이 한국어로 번역되어 온 경향을 통해 역으로 확인해볼 수 있다.

"한국에서는 자국화 번역 보다는 이국화 번역이 더욱 널리 통용(김욱동, 2012:220)"되어 왔고, "영어 책을 한국어로 번역하는 이유는 영어를 모르는 독자를 위해서... 라는 당연한 상식이 통하지 않을 만큼 원문을 존중하는 직역주의가 한국에는 아직 강하게 남아있다(이희재, 2009:30)." 한국어 번역에 지배적으로 나타나는 이국화 전략은 원문에 대한 숭배, 더 나아가 원문의 우월적 지위, 원문 문화권에 대해 상대적으로 열등한 관계 맺음에 기인한다는 해석이 가능하다.

영어권에서 이국화 전략의 타당성을 영어 패권주의에 대한 저항으로 해석하는 베누티는 "문화적 정체성을 형성해내고 특정 역사적 시점에서 문화적 혁신, 변화의 가능성을 창조해내는 번역의 역할(베누티, 2006:121)"에 주목한다. 역사적으로 다른 언어, 다른 문화로부터의 부침이 끊이지 않았던 우리나라에 베누티가 주장하는 이국화와 정반대의 자국화 전략이 필요한 이유도 역설적이지만 베누티가 주목한 문화적 정체성 형성, 문화적 혁신을 이끌어내는 번역의 역할에서 찾을 수 있지 않을까 생각한다.

10. 『The Great Escape』 번역 논쟁 – 위대한 탈출 vs. 대탈주[98]

1) 번역, 회수, 재출간

2015년 10월 12일 노벨경제학상 수상자가 프린스턴 대학의 앵거스 디턴 교수로 발표되면서 우리나라에 유일하게 번역, 소개되어 있는 그의 저서 *The Great Escape: health, wealth and the origins of inequality*에 대한 관심이 급격하게 증가하였다. 2013년 미국에서 발간되고 2014년 9월 한경BP에서 출판된 본 저서는 『위대한 탈출: 불평등은 어떻게 성장을 촉발시키나』라는 제목으로 한국 독자들을 만났고, 번역에 대한 문제제기로 인해 전본 회수 이후 재출간이라는 이례적인 조치가 취해졌다. 번역에 대한 문제제기가 일기 시작한 10월 18일 이후부터 프린스턴대학출판부의 회수 요구 및 11월 재출간을 전후한 시기까지 언론, 비평계, 누리꾼들의 집중 조명 대상이 된 것은 물론이다.

번역에 대한 문제를 처음 제기한 김공회 한겨레경제사회연구소 연구위원이 지적한 사항을 현상적으로 살펴보면 다음과 같다.

- 부제목뿐만 아니라 부(part), 장(chapter), 절(section)의 제목이 대부분 바뀌었고,

- 절의 경우, 원문의 절 구분을 빼는 동시에 없던 절 제목을 집어넣기도 했고,
- 원문의 내용 중 일부를 자기들 멋대로 생략했을 뿐 아니라
- 심지어 자리를 옮기기도 했으며
- 어떤 경우엔 원문에 없는 것을 집어넣은 것으로 보이기까지 한다.

(김공회, 2015)

원문과 번역문 문화 사이의 갭을 줄이기 위해, 혹은 두 문화권 독자들 사이에 필연적으로 존재하는 지식 차이를 중개하기 위해 원문에 없던 내용을 첨가하거나, 있던 내용을 삭제하고, 기존 표현을 다른 표현으로 대체하는 행위는 그 현상 자체로만 보았을 때 생소한 것은 아니다. 실제로 많은 학자들이 문화적 개입, 지식 중개 방법의 일환으로 텍스트 내에 부가 설명을 삽입하거나 다른 표현으로 대체하는 방법을 제시한다. 번역문 독자들에게 유관하지 않아서 잉여적이라고 여겨지는 정보는 삭제할 수도 있다.

이러한 현상적 일면에도 불구하고 김공회 연구위원의 문제제기가 타당성 있게, 묵직한 책임감으로 다가오는 것은 무슨 이유일까? 위의 지적은 단순히 없던 게 생겼으니 혹은 있던 게 없어졌으니, 원문을 있는 그대로 베끼지 않았으니 잘못이다라는 식의 원문에 대한 무조건적 숭배에서 비롯된 것이 아니다. 역으로 이와 같은 현상을 야기한 근본적 원인, 얼핏 보아서는 잘 드러나지 않지만 변형의 기저에 놓여있던 힘의 역관계, 이데올로기적 의도에 대해 다소 투박하지만 매우 솔직한 "자기들 멋대로[99]"

라는 표현으로 주목했기 때문이다. 그리고 번역이 진공 공간처럼 이데올로기적 상황, 환경에서 완전히 자유로울 수는 없다는 것을 인정한다고 해도 과연 어디까지 "자기들 멋대로"의 선택이 용인될 수 있는가, 번역문 문화권 내에서의 수용가능성의 경계에 대한 진지한 성찰이기도 하기 때문이다.

본 장에서는 앵거스 디턴의 『위대한 탈출: 불평등은 어떻게 성장을 촉발시키나』가 번역되면서 무엇이 어떻게 변형되었고 그 파급효과는 어떠했는지를 번역 실례에 대한 분석을 통해 살펴보고, 위 문제제기가 타당한 이유에 대해 번역과 이데올로기의 연관선상에서 토론을 하게 될 것이다.

2) 위대한 탈출인가 대탈주인가

『위대한 탈출: 불평등은 어떻게 성장을 촉발시키나』의 영문 제목은 *The Great Escape: health, wealth and the origins of inequality*이다. 저자가 서문과 머리글에서 밝히고 있듯이 이 책의 제목은 제2차 세계대전 당시 전쟁포로들의 수용소 탈출을 그린 영화 『대탈주(The Great Escape)』와 관련이 있다. 영화는 "탈주극이 거둔 제한적 성공이 아니라 불가능할 만큼 어려운 환경 속에서도 지칠 줄 모르고 자유를 추구하는 인간의 갈망"(Deaton, 2013:2)을 그린다. 영화의 제목이 저서에 그대로 옮겨지게 된 데에는 영화 속에서 그려졌던 자유를 향한 포로들의 탈주가 인류가 맞닥

뜨려왔던 현실 즉, 만족스러운 삶을 누릴 수 있는 자유를 위해 가난에서 탈출하고자 했던 사람들과 아직 탈출하지 못한 사람들의 이야기와 일맥상통하기 때문이다.

저자는 서문에서 "이 책은 물질적이며 생리학적인 진보에 관한 이야기며 더 건강하고 더 부유해진 사람들과 가난에서 탈출하는 것에 대한 이야기다"라고 밝히면서 부제에 사용된 "불평등의 기원(the origins of inequality)"이라는 문구는 탈출하지 않은 전쟁 포로들을 생각하는 과정에서 나왔다고 특별히 언급하였다. 영화에서 모든 포로들이 탈출한 것이 아니라 수용소에 잔류하고 있던 사람들이 더 많았던 것처럼 실제 죽음과 빈곤에서 탈출하지 못한 사람들이 아직도 많으며 이들에 대해 생각할 필요가 있다는 점을 지적했다. 그러면서 "우리는 성공을 축하할 수 있으며 축하해야 마땅하지만 아무 생각 없이 축배를 들기에는 아직 무리가 있다(앞의 책: 3)"고 강조한다.

서문을 보면 저자가 이 책에서 무슨 이야기를 하고자 하는지, 책 전반에 걸쳐서 "탈출"과 "불평등"이라는 단어와 그 현상이 얼마나 조심스럽게 다루어지고 있는지 알 수 있다. 이 책은 탈출에 대해서 이야기하지만 그것은 탈출에 성공한 사람들뿐 아니라 탈출하지 못하고 남아있는 사람들에 대한 이야기이기도 하다. 불평등은 어떻게 때로는 도움이 되고 때로는 도움이 되지 않는지, "발전을 자극할 수도 있지만, 발전을 막을 수도 있는(앞의 책: 11)" 불평등의 문제에 대해 매우 신중하게 접근하고 있다.

저자가 서문에서 어떤 이유에서 이러한 부제를 달았는지를 특별히 언급까지 했던 “불평등의 기원(the origins of inequality)”이라는 표현은 한국어판에서 사라졌다. 영어판 부제는 “건강, 부, 그리고 불평등의 기원”이었지만, 그것은 한국어판에서 “불평등은 어떻게 성장을 촉발시키나”로 바뀌어 있다. 서문만 보아도 저자는 불평등의 긍정적, 부정적 측면에 대해 많은 부분을 할애해 균형 있게, 매우 조심스럽게 접근하고 있지만, 한국어판 부제는 불평등을 성장을 촉발시키는 것으로, 해결해야 하는 과제가 아니라 성장에 필요한 조건으로 탈바꿈시킨다. 저자가 이 책의 목적이 건강과 부에 대해서 이야기하는 것이라고 여러 차례에 걸쳐 언급했지만, 영문판 부제에 들어있는 ‘건강, 부’는 한국어판에서 아예 찾아볼 수조차 없다. 그리고 우연의 일치인지 알 수 없지만 저자가 제목에 대해 친절하리만큼 자세하게 설명을 달아주었던, 제목이 어떠한 의미를 함축하고 있는지를 제시해주었던 위 서문의 내용은 삭제되었다.

부제에 이어서 각 장과 절의 소제목도 크게 변화된 것을 볼 수 있다.

한경BP	원문	단순번역
제1부 삶, 그리고 죽음으로 부터의 대탈출 제1장 세계는 만족할 만한 삶을 사는가 제2장 삶이 어떤 모습으로 변화해 왔는가 제3장 무엇이 불평등을 지속적으로 만드나 제4장 어떻게 건강 불평등을 해결하는가 제2부 가난으로부터의 대탈출 제5장 물질적 웰빙에 변혁을 가져오다 제6장 대탈출, 새로운 불평등을 낳다 제3부 어떻게 도울 것인가 제7장 탈출에 성공하지 못한 사람들 에필로그: '위대한 탈출'은 계속된다	1. The Wellbeing of the world PART Ⅰ. LIFE AND DEATH 2. From Prehistory to 1945 3. Escaping Death in the Tropics 4. Health in the Modern World PART Ⅱ. MONEY 5. Material Wellbeing in the United States 6. Globalization and the Greatest Escape PART Ⅲ. HELP 7. How to Help Those Left Behind Postscript: What Comes Next?	제1장 세계의 웰빙 제1부 삶과 죽음 제2장 선사시대부터 1945년까지 제3장 빈곤국에서 죽음으로부터의 탈출 제4장 현대세계에서 건강 제2부 돈 제5장 미국에서 물질적 풍요 제6장 세계화와 대탈출 제3부 도움 제7장 남겨진 이들을 어떻게 도울 것인가 후기: 다음에는 무엇이?

〈위대한 탈출〉의 전체 목차: 원문과 한글판 비교

(김공회, 한겨레신문, 2015.10.22. 인용)

소제목의 변화는 더욱 급진적이어서 'LIFE AND DEATH(삶과 죽음)'이라는 1부의 제목이 '삶, 그리고 죽음으로부터의 대탈출'로, 2부 'MONEY(돈)'이 '가난으로부터의 대탈출'로, 심지어 후기의 'Postscript: What Comes Next(다음에는 무엇이)?'가 '위대한 탈출은 계속된다'로 바뀌어 있다. 세부적으로 들어가 보면 1부의 4장에 해당하는 'Health in the Modern World(현대 세계에서 건강)'은 '어떻게 건강 불평등을 해결하는가'로, 3부 7장의 'How to Help

Those Left Behind(남겨진 이들을 어떻게 도울 것인가)?'은 '탈출에 성공하지 못한 사람들'로 바뀌어 있다.

김공회 연구위원이 문제제기를 한 것이 10월 18일이고, 한경BP에서 다음 판 인쇄 때 수정할 것이라는 입장을 표명한 것이 10월 20일이었다. 그러나 프린스턴대 출판부가 저자나 원본 출판사가 동의하지 않은 번역상의 변화와 원본에 없는 서문이 포함된 한국판을 회수하고 재번역을 하기로 한경 BP와 합의했다고 밝힌 게 10월 22일이다. 프린스턴대 출판부는 새 번역에 대해 원문을 정확하게 반영하고 있는지 자체 검토를 거칠 것이라고 발표했다. 다음 판 인쇄 때 수정하겠다고 본래 다소 소극적인 해결방법을 제시했던 출판사는 번역 문제가 제기된 지 4일 만에 회수 및 재번역이라는 이례적인 조치를 받아들일 수밖에 없었다.

11월 20일 재출간된 번역본은 부제목을 포함, 부, 장의 제목들이 영어판 제목 그대로 반영되어 실려 있으며, 분량도 375페이지에서 435페이지로 60페이지가 늘었다.

〈1차 번역본〉

〈재출간본〉

부제는 '불평등은 어떻게 성장을 촉발시키나'라는 다소 과격한 표현에서 '건강, 부 그리고 불평등의 기원'으로, 각 부와 장의 소제목도 영어판의 표현을 그대로 직역해서 실었다.

1차 번역본에서는 소제목뿐 아니라 각 장 속에 세분되어 있는 절의 제목도 변형을 가했고, 그것을 목차에 그대로 실었다. 예를 들어 1장 안의 첫 번째 절 영어판 제목은 'Health and Wealth(건강과 부)'였지만, 1차 번역본에서는 '부유할수록 건강하다'로 바뀌어서 목차에도 실려 있었다. 하지만 재출간본에서는 영어판 그대로 옮겨준 것을 확인할 수 있다.

3) 번역과 이데올로기

번역 논란이 인 후 출판사는 "읽기 편하게 만드는 과정의 하나로 편집한 것(한국경제신문, 2015년 10월 20일)"이라는 입장을 밝혔지만 영어판에 있던 제목이 변형되거나 없어져 버린 현상을 서문의 대대적 누락과 별개의 문제로 단순화하기에는 두 가지 현상이 지나치게 일관적이라는 의구심을 지울 수 없다. 출판사의 해명을 자세히 살펴보면 서문의 일부가 빠진 것은 "독자들을 지루하게 만들 수 있다고 판단해 겹치는 부분을 중심으로 뺀"것이며, 부제가 바뀐 것은 "해석상의 논란이 제기될 수 있는"것으로서 "불평등에 대해 여러 가지 시각이 있다는 것을 보여주기 위한 마케팅 차원의 시도(앞의 기사)"였다고 되어 있다. 그러나 앞서 지적한 대로 누락되고 편집된 서문에 저자가 제목을 선정한 이유에 대해서 자세히 기술하고 있는 부분이 포함된 것을 보면 한국어판에서 드러난 제목의 변형이 단순히 '해석상의 논란'만을 야기하는 것은 아니라는 판단이 든다.

제목의 변형이 어떠한 파급효과를 가져왔는지는 디턴의 노벨상 수상을 전후해 쏟아져 나온 저서 관련 기사 제목을 보아도 알 수 있다.

"불평등이야말로 성장의 원동력" 노벨 경제학상 저서 읽어보니

(머니투데이, 2015.10.12)

노벨경제학상 앵거스 디턴 "불평등은 경제성장 동력"

(조선비즈, 2015. 10.12)

"인류를 궁핍서 탈출시킨 건 성장의 힘"- 좋은 불평등론에 노벨상

(한국경제, 2015.10.13)

"불평등이 성장의 발판"- '위대한 탈출'은 피케티 허구 드러낸 역작

(한국경제, 2015.10.13)

노벨 경제학상 앵거스 디턴은 누구? 불평등이 경제성장의 동력 '위대한 탈출'의 저자, 미시경제학의 대가 21세기 자본'의 피케티 교수와 정면 충돌

(글로벌이코노믹, 2015.10.13)

노벨 경제학상 수상자 앵거스 디턴의 『위대한 탈출』 선진국의 원조가 후진국 망쳐

(이코노미스트, 2015.10.19)

위 기사들은 한국어판 부제가 "불평등은 어떻게 성장을 촉발시키나"가 아닌 "건강, 부 그리고 불평등의 기원"으로 원문 그대로 번역이 되었더라면 이렇게 일관될 수 있을까 싶을 만큼 한결같이 불평등이 성장의 동력임을 부르짖고 있다. 게다가 『21세기 자본』을 통해 자본주의의 발달과 더불어 불평등은 더욱 심화된다는 의견을 피력한 토마 피케티와의 대비를 통해 두 학자가 마치 불평등 문제에 있어서 찬성과 반대의 입장에서 서로 대립하는 것처럼 그려진다. 영어판의 서문이 축소된 대신 한국어판 서문에는 현진권 자유경제원장의 글이 실려 있다. 현 원장의 서문 역시 디턴이 피케티의 대척점에 서있다는, 실제 디턴의 경제관과는 사뭇 다른 취지로 쓰여 있어 제목의 변형과 함께 보여진 일부 텍스트의 누락 및 삽입이 별개의 현상이 아니라는 의구심을 갖게 한다.

앞서 지적했듯이 서문에서 저자는 '탈출'이 단순히 탈출에 성공한 사람들 뿐 아니라 탈출하지 못하고 남아있는 사람들에 대한 이야기이기도 하다는 점을 강조한다. 『대탈주(The Great Escape)』라는 영화 장면과 비교하면서 저자는 전쟁 포로 모두가 탈출한 것이 아니라 그들 중 일부는 목숨을 잃거나 수용소로 돌아왔고, 아예 탈출에 참여하지 않은 사람들도 있었다고 하면서 탈출하지 못한 사람들에 대한 생각을 해야 한다고 말했다. 그러나 소제목의 번역에서 일어난 변화는 오히려 대탈출을 계속 강조하는 것으로 보인다. 영어판에 없던 '대탈출'이라는 표현이 1부와 2부 제목에서 연달아 나타나는 것뿐 아니라 '남겨진 이들을 어떻게 도울 것인가'를 논의하는 7장의 제목은 '탈출에 성공하지 못한 사람들'로, '다음에는 무엇이?' 올 것인지에 대한 문제제기가 있는 후기는 '위대한 탈출은 계속된다'로 바뀌었다. 끊임없이 탈출한 자들과 그렇지 못한 사람들을 이분하고 탈출이 '위대한' 것, 우등한 것이라는 뉘앙스를 전달한다.

제목의 변형은 저자가 탈출, 불평등이라는 문제에 대해 갖고 있던 태도 뿐 아니라 경제관 자체를 다르게 전달하는 데에 결정적인 기여를 했다. 제목 변형의 파급효과는 단순히 출판사가 '마케팅 차원의 시도', '편집상의 변화(editorial change)'라고 불렀던, 있던 것 빼고 바꾸고, 없던 것 집어넣은 정도에서 그치지 않았다. 저자의 경제관을 바꾸어 놓았을 뿐 아니라 경제에 대해 특정한 시각을 부각시키고 옹호하는, 특정 집단이 갖고 있는 시각을 정당화하는 데에까지 미친 것이다. 디턴은 본인이 친성장론자임을 부인하지 않지만 저서를 통해, 그리고 번역 논란 이후 밝힌 서신에서 끊임없이 성장만 옹호하지는 않는다는 사실을 밝혔고, 불평등이 가지고 있는 장점과 단점에 대해 균형 있는 시각을 피력해왔다. 그러나, 앞서 분석한 바와 같이 한국판 1차 번역본에서 변형된 제목들은 사실상 디턴의 경제관을 한쪽으로 몰아가며 독자들의 인식을 편향되게 만드는 데에 기여했다.

어떤 작품을 번역할 것인가를 결정하는 단계부터 번역이 이루어지게 되는 환경이나 번역사의 선택 자체가 그것을 둘러싼 힘의 역관계로부터 동떨어질 수 없다는 것은 주지의 사실이다. 하나의 코드를 다른 것으로 바꾸는, 혹은 하나의 용기에 들어있던 것을 다른 용기로 옮기는 단순한 작업이 아니라 서로 다른 사회, 서로 다른 문화권 사이의 충돌이자 지식의 재배치, 재이해로서 번역에 대한 인식이 확산(Alvarez, et al. 1996:2)되면서 20세기 말 번역을 바라보는 시각에 변화가 생겼다. 번역의 의미를 단순히 단어 혹은 텍스트 자체에 국한시키지 않고 그것을 생산하는 번역사와 소비하는 독자 사이의 관계, 문화에 대한 고려, 낯선 이국성의 유지와 자국적 익숙함으로의 조정 등 역동적인 의사소통 행위 속에서 찾게 되면서 번역은 “다른 모든 (다시)쓰기와 마찬가지로 절대 순수하지 않은(Bassnett, et al. 1990:11) 것”으로 자리매김한다. 왜냐하면 어떤 번역이든 그것이 이루어지게 되는 배경이 있고, 번역사들이 제약을 받을 수밖에 없는 여러 상황들이 존재하기 때문이다. 헐먼즈(Hermans)는 나아가 번역의 목표를 “원문을 가다듬고 조작하여 번역문을 특정한 모델에 합당하게 하는 것(알루아레즈 & 비달, 2007:12)”이라고 지적하였다.

> 번역은 언제나 특정 세력, 힘에 의해 만들어지고 번역될 작품의 선택이나 번역행위의 목표 역시 특정 세력에 의해 설정된다. 그래서 번역은 다시쓰기의 형태를 가지게 된다. 왜냐하면 번역은 특정한 제약 하에서 특정한 목적을 위해서 이루어지기 때문이다.
>
> (Shuping, 2013, Aslani, 2015:81에서 인용)

특정 집단이 가지고 있는 입장, 태도, 이데올로기가 번역 작품의 선택에서 실제 번역 과정에 이르기까지 매 순간마다 영향을 미칠 수밖에 없고, 그 강력한 영향 하에서 번역이 이루어지기 때문에 번역 자체가 순수한 다시쓰기가 될 수 없다는 언급은 그 자체로 의미가 있다. 그러나, 다른 한편으로 보았을 때 이러한 영향력 하에 놓여있는 번역 작업이기 때문에 그것을 맡은 사람의 책임감은 그만큼 더 막중해지는 것이다. 알루아레즈 & 비달 (2007)은 번역 과정에서 번역사가 가지게 되는 막강한 힘의 남용을 경계해야 한다고 지적한다.

> 언어를 조작하는 데에 따른 결과와 번역이 가져다 줄 수 있는 힘의 남용 문제를 인식하는 것이 중요하다. 이 조작과 남용으로 무엇이 재기입되고 어떻게 기입되는가를 아는 것이 중요하다. 이는 특정 문화의 비전문적인 독자들이 문학평론가, 번역가, 편집자들이 제공하는 것에 따라 형성되는 경우도 마찬가지다. 르페브르에 의하면 원본을 의식하든 아니든 그 개작은 조작을 암시하기에 경계심을 가져야 한다.
>
> (알루아레즈 & 비달, 2007:17)

특정 영향력 하에 놓일 수밖에 없는 상황, 그렇기 때문에 문화를 변용하고 텍스트의 수용 방향을 바꿀 수 있는 힘을 부여받게 되는 번역과 번역사는 분명 이러한 힘이 가지고 올 수 있는 파급효과에 대해 더욱 책임감 있게 인식할 필요가 있다.

*The Great Escape: health, wealth and the origins of inequality*의 한국어 1차 번역본이 회수되고 재출간되는 과정에서 원문 부제목 및 소제목이 바뀌고 변형되면서 해당 책에 대한 독자들의 인식이 특정 방향으로 유도되고, 더 나아가 경제에 관한 특정 집단의 견해, 이데올로기를 확산, 정당화시키는 데에까지 이용될 수

있다는 사실을 확인했다. 그와 함께 아직도 많은 문제들이 논의를 기다리고 있다. 이것이 과연 번역의 문제인가, 편집의 문제인가, 출판사에서 줄기차게 주장했던 '편집상의 변화'는 과연 어디까지 용인될 수 있는가, 재출간을 통해 출판사가 택한 해결책은 '직역'이었는데, 과연 모든 번역에 직역이 정답인가, 저자와의 사전 협의가 있어야 의역은 용인될 수 있는가 등 『위대한 탈출』을 둘러싼 번역 회수 및 재출간의 사례는 전통적 번역 연구에서 지속적으로 제기되어 왔던 묵직한 주제들을 다시 수면 위로 부각시키는 역할을 하였다.

번역이 순수한 다시쓰기가 될 수 없다는 태생적 한계를 인정하고, 번역이라는 행위가 그것을 발생시키고 매 순간 영향력을 행사하는 주도적 특정 집단의 이해관계에서 완전히 벗어날 수 없다는 사실을 시인한다고 해도, 번역을 하는 사람, 그리고 그것을 소비하는 독자들 모두 그 힘에 대해 경각심을 가질 필요가 있다는 사실을 다시금 확인하였다.

번역본이 재출간된 것으로 해당 번역 논란은 일단락된 것으로 보이지만, 여전히 논의점은 남아있다. 앞서 언급한 것과 같이 번역과 편집, 두 작업은 과연 어느 정도 서로에게 영향을 미치는지, 편집상의 변화를 어디까지 수용할 것인지, 책임소재는 어디에 물어야 하는지, 그리고 논란을 없애는 정도가 과연 직역으로의 회귀인지 등 다양한 주제와 연관되어 해당 사례는 앞으로 더욱 적극적으로 논의될 수 있을 것으로 기대한다.

11. 번역과 파라텍스트[100]

번역은 단순히 한 언어를 다른 언어로 대체하거나 전환하는 것이 아니라 원문이 가지고 있는 메시지, 원문이 독자들에게 전하고자 했던 바가 번역문을 통해서도 전달되도록 만드는 활동이다. 상이한 문화권 사이의 의사소통을 가능하게 만드는 역동적 활동으로서 번역을 정의할 때 번역사 역시 지식 체계의 간극을 메우고 적극적으로 소통을 중개하는 역할을 담당하게 된다.

번역사가 적극적인 중개 역할을 수행해야 한다는 대전제에 대해서는 이견의 여지가 없으나 그 역할이 어느 형태로, 어디까지 그리고 어느 정도의 깊이까지 수용, 용인되어야 하는가에 대해서는 여전히 통일된 견해가 존재하지 않는다. 학자들에 따라, 번역을 실제로 담당하고 있는 번역사 개개인에 따라 그리고 개별적으로 제기되는 번역 문제의 종류에 따라 구체적 해결방식은 차이가 있을 수밖에 없다. 그러나, 17세기 프랑스를 지배했던 벨 엥피델의 흐름, 그에 대한 반작용으로 확산된 독일 낭만주의의 원문 중심주의, 19세기 이후 영국과 미국을 비롯한 영어권에서 주도적으로 이루어졌던 자국화 번역의 경향 등 특정 시기 특정 문화권에서 지배적으로 형성되어 있는 거시적 번역 풍토는 수많은 선택과 결정의 순간을 겪을 수밖에 없는 번역 과정 전반에 적지 않은 영향을 미친다.

본 장에서는 원문에는 포함되어 있지 않았지만 번역문 문화권의 독자들에게 작품에 대한 이해를 돕는 동시에 작품을 해석할 수 있는 여러 가지 방법을 제시해주는 번역문 파라텍스트를 중심으로 번역사의 역할에 대해서 살펴보고자 한다. 파라텍스트는 '곁 텍스트', '곁다리 텍스트' 등으로 번역될 수 있는데, 본 텍스트를 설명하고 소개하는 역할을 하는 주변적 요소들로서 저자명, 제목, 각주, 서문, 삽화 등이 이에 해당된다. 번역에서의 파라텍스트는 원문 텍스트의 파라텍스트보다 더 큰 개념으로 번역과정에서 편집자나 번역사에 의해서 첨가되거나 덧붙여진 여러 요소들을 모두 포괄한다.

분석 대상이 된 것은 작품 본문 내용의 앞과 뒤에 등장인물 소개, 작품연보, 작품해설, 역자의 글, 작품론 등의 형태로 첨가된 텍스트이다. 파라텍스트의 변화 양상과 함께 파라텍스트에 반영된 해당 시기 번역 문화 풍토 역시 유추해서 살펴볼 수 있을 것으로 기대한다.

1) 번역에서의 파라텍스트(le paratexte)

프랑스의 문학 비평가인 제라르 주네트(Gérard Genette)는 문학작품 자체의 텍스트와 더불어 그 가장자리에 붙어있는 몇 가지 요소들 즉, 저자명, 책제목, 서문, 각주, 삽화, 표지에 쓰인 글, 띠지에 쓰인 글 등을 "파라텍스트(le paratexte)"라고 규정하고, 이

것이 텍스트를 소개하고 더 나아가 그것의 수용과 소비를 도와주는 역할을 한다고 주장하였다[101]. 주요 텍스트를 이해하는 데에 있어서 텍스트의 곁에 붙어 있는 여러 요소들이 영향을 줄 수밖에 없다는 것이다. 독자들은 자신이 읽을 작품을 선택하는 순간, 그리고 그것을 감상하고 비평하는 순간에 그것을 둘러싸고 있는 주변적 텍스트에 영향을 받지 않을 수 없다. 파라텍스트는 "저자가 집필 의도를 드러내는 공간이자 메시지의 발신자로서 수신자인 독자에게 말을 거는 공간(Maclean, 1991:278)"이며, 곁텍스트 중 하나인 서문은 이어지는 본문 텍스트를 만나기 전 독자를 준비시켜주며 독자와 텍스트의 세계를 중재하는 기능을 수행한다[102].

주네트의 파라텍스트는 저자명, 헌사, 제사, 서문 및 각주 등을 포함하는 주변 텍스트와 저자의 인터뷰, 편지, 일기 등을 포함하는 후텍스트로 구성되어 있다. 전자는 작품의 주된 텍스트와 공간적으로 붙어 있고 시기적으로도 동일하게 생산되고 소비되는 반면, 후자 즉, 후텍스트의 경우는 작품이 출간된 이후 작가가 언론 매체나 여타 다른 통로를 통해 작품에 대해 인터뷰를 하거나 서간문 및 자신에게 쓰는 일기의 형태로 작품에 대해 설명하고 소개하는 것이다. 따라서 공간, 시간적으로 텍스트의 본문과는 떨어져 있다. 원문의 주변 텍스트는 다시 편집부의 주변 텍스트와 저자의 주변 텍스트로 나뉘는데, 서문이나 각주의 경우도 저자가 아닌 편집부가 별도로 첨가하는 경우가 있기 때문이다.

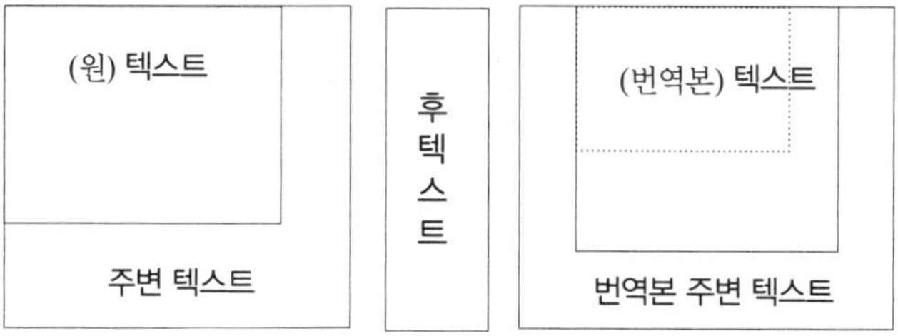

(지영래, 박선희, 2010:252)

번역이 이루어지는 경우, 위 그림에서 왼편에 위치하고 있는 (원)텍스트와 주변 텍스트 그리고 경우에 따라서 시,공간적으로 (원)텍스트와 떨어져 있는 후텍스트까지 (번역본) 텍스트가 되며, 번역 이전에는 존재하지 않았지만 번역 과정에서 덧붙여진 다양한 종류의 텍스트들이 번역본 주변 텍스트가 된다. 그리고 번역본 출간 이후 역자나 편집부가 언론 매체와 진행한 인터뷰나 서간문, 일기 등은 번역본의 후텍스트가 되며, 주변 텍스트와 후텍스트를 포괄한 개념이 번역본의 파라텍스트가 된다.

지영래, 박선희(2010)는 원문에 전제되지 않았지만 번역문에 삽입된 이와 같은 파라텍스트적 요소에 주목하고, 다양한 번역문에서 나타나는 파라텍스트에 대한 분석을 통해 상이한 문화권 내에서 해당 작품과 그 번역문이 가지는 역학 관계를 조명해 볼 수 있다고 제안하였다.

번역에서 파라텍스트의 기능에 대한 연구는 주로 역자 후기나 작품 해설, 저자 소개, 작가 연보 등을 중심으로 이루어져왔다. 풍자소설에서의 파라텍스트의 기능을 연구한 한미선(2013)은 원문의 독자들이 저자와 다양한 지식을 공유하고 있기 때문에 풍자된 허구 속 현실이 무엇을 상징하는지 알 수 있는 반면, 번역문의 독자들은 이와 같은 지식을 가지고 있지 않기 때문에 그것을 대신할 수 있는 장치가 필요하다고 지적했다. 원문 저자의 메시지를 좀 더 충실하게 전달할 수 있게 하는 매개물의 하나로서 파라텍스트가 기능할 수 있다고 보고, 분석 대상으로 『걸리버여행기』와 『동물농장』의 다양한 번역문에 실린 역자 후기, 저자 소개, 작가 연보 등을 소개했다[103].

지영래, 박선희(2010)는 『마담 보바리』의 파라텍스트에 대한 비교 분석을 통해, 1950~60년대를 거치면서 '역자서문'이 점차 '작품해설'로 대체되는 경향을 보였으며[104], 이는 1970년대에 이르러 '인물소개'라는 형태로 바뀌었다는 점을 지적했다. 그러나, 그 내용적인 측면에서는 등장인물의 이름이 뒤바뀌어 소개되거나 주인공이 다른 인물로 바뀌어 있는 등 오히려 독자들의 이해를 어렵게 만드는 부실함이 발견되었는데, 이는 세계문학전집의 번역이 절정을 이루었던 70년대, 단시간에 많은 출판물을 발행하게 되면서 비롯된 곁텍스트의 결함으로 분석되었다[105].

반면, 『마담 보바리』 영역본의 경우 20세기 중반까지 "역자의 존재감이 느껴질 수 있는 곁텍스트적인 요소들, 특히 '역주'가 거의 없고 '작품해설'이나 '서문'과 같은 부분이 최소한의 분량으로 축소되어 있다"는 점은 주목할 만하다. 이는 베누티(Venuti)가 지적한 것처럼 1970~80년대까지 영미권에서 팽배했던 자국화(domestication) 번역 양상과도 일맥상통하는 것으로, 해당 작품이 외국 작가에 의해 만들어진 것이 아니라 본래 영어로 쓰인 것과 같이 유창하고 자연스럽게 보이게 하기 위해 외국적 색채를 가급적 배제하고자 했던 당시 번역 풍토와 연관 지어 살펴볼 수 있다.

최의식(2011)은 번역에서 파라텍스트는 번역사의 존재를 드러내는 것과 연관이 있다는 점을 강조하였다. 그는 시인 김행숙의 시집 앞날개에 적힌 소개글에 등장한 오타마저도 시집을 해석하는 하나의 통로로 여기고 그것을 비평에 접목시킨 문학평론가 신형철의 예를 들면서[106] "파라텍스트가 텍스트와 외텍스트 사이의 중간지대, 엄격한 경계가 없는 불확실한 지역, 누구나 들어가고 되돌아올 수 있는 텍스트의 '문턱'에 해당한다"고 설명하였다. 그리고 번역에 있어서 파라텍스트가 가지는 의미에 주목한 번역 이론가 베르만을 다음과 같이 인용하였다.

> 번역의 버팀목은 번역을 지탱하는 모든 파라텍스트들을 포함한다. 즉 서론, 서문, 후기, 주석, 어휘사전 등등. 벌거벗은(파라텍스트가 없는) 번역은 문학적 '이동'을 완성할 수 없는 것이다.
>
> (Berman, 1994: 68, 최의식, 2011:197에서 인용)

베르만은 외국 작품이 가지고 있는 낯설고 이국적인 특성을 번역에서 유지시켜주어야 한다는 독일 낭만주의 번역이론의 맥을 이어서 번역 자체를 하나의 비평 행위로 보고, 비평적 번역이라는 측면에서 작품 주변에 형성되는 파라텍스트에 주의를 기울였다. 최의식은 이러한 베르만의 견해를 적극 수용하면서 번역은 결국 단순히 언어의 전환이 아니라 다른 문화, 타자에 대한 깊이 있는 이해를 바탕으로 자국의 문명을 더욱 풍요롭게 만드는 활동이라는 데에 동의하고, 작품에 대한 이해를 돕고 원문 고유의 특수성을 드러내주는 파라텍스트의 역할에 주목하였다.

2) 도스토예프스키 『카라마조프가의 형제들』의 파라텍스트

19세기 러시아문학을 대표하는 작가 도스토예프스키의 『카라마조프가의 형제들』에 대한 번역 중 1974년에서 2007년 사이 출간된 총 8편의 번역이 분석 대상이 되었다. 최의식(2011)은 60, 70년대, 동아출판사를 시작으로 정음사, 을유문화사 등에서 '세계문학전집'을 앞다투어 발행했던 사실을 언급하였는데, 이 시기를 전후해서 해외 문학 작품들의 한국어 번역이 활발하게 이루어졌다. 고도의 경제 성장에 힘입어 새로 생겨난 중산층의 소비 수요를 충족시키기 위해서 교양서로서 문학 전집이 필요했던 이 시기가 곧 번역의 시대였던 것이다.

1974년 동서문화사에서 채대치의 번역으로 출판된 『카라마조프가의 형제들』은 이후, 1974~79년[107] 정음사에서 이근섭에 의해 번역되었다. 80년대에는 총 4종의 번역을 찾아볼 수 있었는데 1981년 지성출판사에서 성기조의 번역으로, 같은 해 문공사에서 이영복의 번역으로 선을 보였으며, 1984년과 1986년에는 각각 삼성출판사와 범우사 양 출판사에서 김학수 한 사람의 번역으로 독자와 만났다. 이후 2000년 열린 책들에서 출판된 도스토예프스키 전집에 이대우 번역본이 포함되었으며 2007년 민음사에서 세계문학전집 일환으로 김연경에 의해 번역되었다.

분석 대상이 된 것은 위 8종의 번역문에서 원문 텍스트 이외 번역 과정에서 삽입된 파라텍스트들로서 원문 텍스트의 앞과 뒤에 각각 다양한 형식으로 덧붙여져 있다.

『까라마조프 형제들』, 채대치 옮김. 동서문화사, 1974
『카라마조프가의 형제들』, 이근섭 옮김. 정음사, 1974-79.
『카라마조프가의 형제들』, 성기조 옮김. 지성출판사, 1981.
『카라마조프의 형제』, 이영복 옮김. 문공사, 1981.
『까라마조프네 형제들』, 김학수 옮김. 삼성출판사, 1984.
『까라마조프의 형제』, 김학수 옮김. 범우사, 1986.
『까라마조프씨네 형제들』, 이대우 옮김. 열린책들, 2000.
『카라마조프 가의 형제들』, 김연경 옮김. 민음사, 2007.

사진

사진은 1974년 동서문화사 출판본에서 1984년 삼성출판사 번역본까지 총 5종의 번역에서 한 페이지 전체나 양쪽 페이지를 할애해서 실었다. 도스토예프스키 사진을 싣거나 거기에 더해서 그가 살던 수도원, 공병학교, 병원 등의 모습을 전하고 있다. 반면 비교적 후기에 출판된 번역 즉, 1986년 범우사, 2000년 열린책들 출판본에서는 사진 소개가 포함되어 있지 않다. 2007년 민음사 출판본에도 별도의 페이지를 할애한 사진은 실려 있지 않으며 표지에 작가의 사진이 포함되어 있고, 제목이 적힌 속지에 작은 사진이 첨가되어 있을 뿐이다.

아직 도스토예프스키라는 러시아 작가가 한국 독자들에게 충분히 알려져 있지 않았던 70년대, 80년대 초반에는 작가의 사진과 더불어 작가의 삶을 추적해볼 수 있는 다양한 사진, 그리고 그에 대한 별도의 해설을 통해 독자들이 보다 쉽고 친숙하게 작가에게 다가갈 수 있도록 배려를 했다. 하지만 이미 여러 작품을 통해 한국 독자들에게 작가에 대한 인지도가 충분히 생긴 이후에는 사진을 통한 상세한 소개는 더 이상 필수적인 요소가 아니었음을 미루어 짐작할 수 있다.

등장인물 소개

등장인물에 대한 소개는 1974-79년 정음사와 1981년 지성출판사 2종 이외 나머지 6종의 번역에 모두 포함되어 있다. 그런데 인물 소개를 자세히 살펴보면 2000년대 이후에는 그 내용이 매우 달라진 것을 확인할 수 있다. 다음은『카라마조프가의 형제들』내의 등장인물 중 하나인 그루셴카에 대해서 각 출판사에서 소개하고 있는 대목이다.

그루셴까(아그라페나 알렉산드로브나) 동서문화사(1974)

첫사랑의 남자에게 버림을 받고 이 거리의 늙은 상인의 아내가 되었다. 분방한 창녀형의 여자. 뒤에 미쨔와 사랑하게 된다.

그루셍카(아그라페나 알렉산드로브나) 문공사(1981)

과거가 있는 좋지 못한 여자로서 평판이 나 있으나, 상당한 미인임. 자기를 버린 첫사랑의 남자를 그래도 못잊고 사랑했었으나, 드디어 환멸을 느끼고는 미차를 사랑하기에 이름.

그루센까 삼성출판사(1984)

어린 나이에 남자에게 버림을 받고 체념하여 분방한 생활을 하나 영혼 속에는 정결한 정조관을 지닌 여자.

그루셴까 범우사(1986)

어린 나이에 남자에게 버림을 받고 체념하여 분방한 생활을 하나 영혼 속에는 정결한 정조관을 지닌 여자. 후에 드미뜨리의 사랑에 굴복한다.

그루셴까 열린책들(2000)

(아그라페나 알렉산드로브나 스베뜰로바, 그루샤, 그루쉬까, 아그리뻬나)

그루셴카 민음사(2007)

(그루샤, 아그라페나 알렉산드로브나 스베틀로바)

과거 삼소노프의 정부이자 사업가.

1980년대와 이전에 출판된 번역에서는 등장인물의 성격과 상황을 자세하게 묘사하고 작품 내에서 벌어지게 될 사건들에 대해서 친절한 설명을 덧붙였다. 독자들은 등장인물 소개를 통해 작품 속 그루센카라는 인물이 어떤 사람인지 대번에 알아낼 수 있다. 첫사랑에 버림받고 창녀가 된 여자, 상당한 미인이며 옛 여인을 못 잊어 분방한 생활을 하지만 영혼은 정결한 사람 등 작품을 읽지 않고도 등장인물에 대한 정보를 미리 파악할 수 있는 것이다.

그러나 2000년대 이후 번역에서는 해당 인물에 대한 간단한 설명만 첨가하거나 아예 이름에 대한 소개만으로 그치는 것을 확인할 수 있다. 열린 책들(2000) 번역에서는 한 인물을 이름, 애칭, 이름과 부칭 등 다양한 호칭으로 부름으로써 화자와 청자 사이의 관계를 드러내는 러시아어의 특성을 고려, 작품 내에서 해당 인물을 부르는 데에 등장하는 다양한 호칭을 제시하였다. 민음사(2007) 번역에서는 그루샤, 아그라페나 알렉산드로브나 스베틀로바 두 가지의 호칭과 함께 간단한 인물 설명만을 첨가했다. 두 출판사의 번역에서 등장 인물의 소개를 보면 인물이 가지고 있는 성격이나 배경, 앞으로 겪게 될 사건 등은 전혀 알 수 없다.

초기 4종의 번역은 등장인물 소개를 통해 인물에 대한 소개를 넘어서 작품 속 역할에 대해 일정한 틀을 제시해주었는데, 정보 제공이라는 긍정적 측면도 있지만 반대로 독자의 창의적이고 자유로운 독서를 미리 정해둔 틀 속에서 재단하고 제한하는 역효과를 불러일으킬 수 있다. 각각의 인물에 대해 이토록 자세한 설명과 작품 내 사건과의 연관성까지 밝혀준 것은 러시아 작가와 작품에 대한 인식이 높지 않았던 70, 80년대, 독자들의 관심을 환기시키고 그를 통해 독서를 유도하려는 의도가 있었을 것으로 짐작할 수 있다. 하지만 이는 독서의 방향과 감흥을 특정하게 인위적으로 유도하는 부정적인 효과도 줄 수 있다는 점을 부인할 수 없다.

2000년대 이후 출판된 번역에서는 등장인물의 소개가 매우 간단하게 축소되어 있다. 이는 20여 년의 시간동안 한국 독자들 사이에 러시아 문학, 문학 속 인물들에 대한 생소함이 일정 정도 해소되어 굳이 별도의 설명을 해야 할 필요가 없어졌을 뿐 아니라, 작품을 읽는 독자들의 열린 독서, 특정 틀 안에 갇히지 않은 독서를 중시하는 방향으로 파라텍스트의 주안점이 변화했기 때문인 것으로 풀이할 수 있다.

독자에게 보내는 글

독서에 앞서서 독자들에게 작품에 대한 소개를 하거나 작가에 대해 간략하게 설명하는 글에 해당된다. 총 8종의 번역 중 1980년대에 출판된 3종의 번역에서만 유사한 텍스트가 등장한다. 1981년 문공사 번역에는 '카라마조프의 형제에 부치는 글'이라는 제목으로 두 페이지 반가량 역자의 작품 소개 글이 들어가 있다. 1984년 삼성출판사 번역에는 '독자를 위하여'라는 제목으로 편집위원회에서 덧붙인 글이 책을 시작하는 서론격으로 포함되어 있고, 1986년 범우사 출판 번역에는 '이 책을 읽는 분에게'라는 제목으로 옮긴이가 덧붙인 2페이지 분량의 파라텍스트가 삽입되어 있다. 일반적으로 작품의 뒤에 전문가의 소개 글 형식으로 첨부되어 있는 긴 길이의 작품론, 작품 해설 등과는 달리 독자가 간단하게 작품에 대해 알고 독서를 시작할 수 있도록 도와주는 기능을 한다.

독자에게 보내는 글은 역자 혹은 편집위원회가 작품에 대해 간단하게 소개하는 글로 독서를 용이하게 하고 편의를 돕는 역할을 한다. 이 또한 80년대 당시까지 생소한 러시아문학을 독자들에게 최대한 가까이 소개하고자 했던 시대적 특성을 반영한다고 볼 수 있다. 2000년대 이후 2종의 번역에서는 앞부분에 등장인물에 대한 매우 간단한 소개와 다음 장에서 다루게 될 일러두기만이 포함되어 있어서 작품에 대한 별도의 소개나 작가에 대한 언급은 없다.

일러두기

일러두기는 2000년과 2007년에 출판된 2종에서만 발견되는 파라텍스트로 번역 대본이 된 러시아어 텍스트는 무엇이며, 러시아어를 한국어로 어떻게 표기했는지 등 간략한 정보만을 제시한다. 2000년 열린 책들에서 출판된 도스토예프스키 전집에 수록된『까라마조프 씨네 형제들』에는 위 두 가지 정보 이외에 도스토예프스키 전집에 대한 설명이 첨가되어 있고, 2007년 민음사 번역에는 작품 속 성경을 어디서 인용했는가에 대한 정보가 첨가되어 있을 뿐이다. 일러두기는 분량이 반 페이지 미만으로 매우 적기는 하지만『카라마조프가의 형제들』의 파라텍스트 중 번역 작업과 관련한 실제적 정보를 제공하는 텍스트이다.

작품 해설

작품에 대한 전문적인 해설로서 총 8종의 번역 중 1974년 동서문화사에서 출판된 번역을 제외한 7종에 모두 포함되어 있으며, 7종 중 1974-79년 정음사 번역만 제외하면 모두 작품의 끝, 책의 뒤쪽에 첨부되어 있다. 정음사본에는 '해설'이라는 이름으로 총 7페이지 분량의 작품 해설이 책 앞에 첨부되어 있으며, 말미에서는 역자가 러시아어를 전공하지 않았기 때문에 영역본에서 중역을 했다는 사실을 밝히고 있다. 1981년 지성출판사 번역에서는 '도스토예프스키의 생애와 작품'이라는 3페이지 분량의 작가 및 작품 해설이 책 끝부분에 첨부되어 있으며, 같은 해 문공사 번역에는 작가와 작품이라는 제목으로 5페이지 가량의 작품 설명 텍스트가 있다.

1984년 삼성출판사 번역 권미에는 도스토예프스키의 작품세계라는 제목으로 방대한 16페이지 분량의 텍스트가 첨부되어 있는데, 역자가 러시아 문학을 전공한 전문가이기 때문에 작품에 대한 정보를 더 자세하고 심도 있게 전달하고자 했던 것으로 파악할 수 있다. 삼성출판사 번역과 역자가 동일한 1986년 범우사 번역에서는 더 나아가 작품론 I. II. 라는 별도의 텍스트가 첨부되어 있는데 분량이 각각 14, 20페이지로 총 34페이지에 달한다. 작품론 I. 은 얀코 라브린이라는 도스토예프스키 연구가가 작품에 대해 기고한 논문을 역자가 번역한 것이고, 작품론 II. 는 역자 자신이 작품에 대해 쓴 글이다.

2000년 열린 책들 번역에서는 14페이지에 달하는 역자해설과 24페이지 분량의 전문가 작품 평론이 모두 『카라마조프가의 형제들』 작품 해설과 설명, 평론에 할애되어 있다. 해설과 평론 이후 역자가 간단하게 요약한 작품 줄거리까지 포함되어 있다는 점도 흥미롭다. 2007년 민음사본에서는 17페이지 가량의 작품 해설이 포함되어 있는데, 이 작품 해설에는 작품에 대한 설명과 더불어 번역 작업에서 역자가 경험한 고충과 번역의 방향 등이 기술되어 있다. 80년대 중반 이후의 번역부터 작품에 대한 역자의 전문적인 해설이 적극적으로 이루어진 것으로 볼 수 있다.

작품 연보

작품 연보는 연표, 작가연보 등의 이름으로 총 8종의 번역 중 1981년 지성 출판사본을 제외한 나머지 7종에 모두 포함되어 있다. 도스토예프스키의 출생 순간부터 그가 겪었던 크고 작은 사건들, 작가의 생애에 있어서 중요하게 여겨지는 계기, 그리고 구체적인 작품의 집필 시기에 이르기까지 작가와 관련된 정보를 연대순으로 정리해놓은 것이다. 7종 모두 예외 없이 책의 끝부분에 수록되어 있으며, 분량은 얼마나 자세하게 연보를 기록했는가에 따라, 그리고 어떤 자료를 참고했는가에 따라 달라지며 4-14페이지에 달한다.

『카라마조프가의 형제들』 총 8종의 번역에 대해서 연도, 출판사, 역자, 제목, 그리고 책의 앞과 뒤에 첨가된 파라텍스트들의 유형을 정리해보면 다음과 같다.

연도	출판사	번역자	제목	앞	뒤
1974	동서 문화사	채대치	까라마조프 형제들	사진, 주요인물 소개	연표
1974 - 1979	정음사	이근섭	카라마조프가의 형제들	사진, 해설	작품연보
1981	지성 출판사	성기조	카라마조프가의 형제들	사진	도스토예프스키의 생애와 작품 (저자불명)

1981	문공사	이영복	카라마조프의 형제	사진, 카라마조프의 형제에 부치는 글(역자), 주요 등장인물	작가와 작품 연보
1984	삼성판	김학수	까라마조프네 형제들	사진, 독자를 위하여(편집위원회), 주요 등장인물	도스토예프스키의 작품세계, 연보
1986	범우사	김학수	까라마조프의 형제	이책을 읽는 분에게(옮긴이), 주요등장인물	작품론 I, II, 연보
2000	열린책들	이대우	까라마조프씨네 형제들	일러두기, 등장인물	역자해설, 작품평론, 줄거리(역자요약), 연보
2007	민음사	김연경	카라마조프가의 형제들	등장인물 일러두기	작품해설, 작가연보

파라텍스트의 종류는 사진, 등장인물 소개, 독자에게 보내는 글, 일러두기, 작품 해설, 작품 연보 등 총 6가지로 나타났으며, 빈도수로 보면 작품 해설과 작품 연보가 총 7종에서 확인되어 거의 모든 번역에서 발견할 수 있다. 그 이후로는 등장인물 소개, 사진, 독자에게 보내는 글, 일러두기 등이 뒤를 이었다. 작품 연보의 경우 독자들에게 객관적인 시대별 정보를 제시해주는 것이기 때문에 번역별로 큰 차이를 보이지 않고, 그 차이가 가질 수 있는 의미도 크지 않지만 작품 해설의 경우는 시대, 그리고 번역자에 따라 차이가 확연히 드러난다. 러시아어와 문학을 전

공한 전문가가 번역하기 시작한 이후 작품에 대한 해설은 작품세계, 작품론, 평론, 해설 등 다양한 이름으로 작품에 대한 자세한 해설을 실었으며 분량도 크게 증가하였다.

등장인물 소개나 사진의 경우도 시대별로 차이를 보인다. 러시아문학이 한국 독자들에게 다소 생소했던 70년대에서 80년대 중반까지는 등장인물의 성격과 작품 내에서의 역할, 사건의 전개, 심지어 인물에 대한 평가까지 매우 자세하고 친절하게 제시해주었다. 반면, 2000년대 이후에는 등장인물에 대한 역자의 주관적인 정보 제공을 최소화함으로써 작품, 등장인물에 대해 독자 스스로 자유로운 판단을 할 수 있는 여지를 주고, 동시에 독자의 독서 방향을 지켜보는 경향을 보인다는 것을 알 수 있다. 사진의 경우도 초기 번역의 경우 적극적으로 활용되었던 것에 비해 후기로 갈수록 그 활용 빈도가 낮아진 것을 볼 수 있는데, 이 역시 러시아 문학에 대한 인지도가 시간에 따라 점차 올라간 것과 무관하지 않다.

3) 역자 후기

파라텍스트 중 역자가 주체가 되어 번역 작업에 대해 독자에게 정보를 제공하는 별도의 역자 후기나 옮긴이의 글 등은 발견되지 않았다. 2007년 민음사 본에서 역자가 작품 해설의 일부로서 번역 작업에 대해 언급한 것을 제외하면 번역 전략이나 방향,

번역에 대한 역자의 생각이나 번역 과정에 대한 설명을 담은 역자의 공간은 찾아볼 수 없었다. 2000년 열린 책들 번역에서는 역자 해설이라는 공간이 마련되어 있으나 번역보다는 작품에 대한 해설이 중심이다. 매우 짧은 길이로 삽입된 일러두기에서 번역과 관련된 단편적인 정보를 발견할 수는 있지만 이 역시 2000년 이후 두 번역본에서만 확인되며, 판본과 표기법 위주의 설명이다.

박상익(2006)은 지난한 번역 과정에 대한 역자의 성찰을 담은 "역자 서문이나 후기가 없는 작품의 번역은 신뢰할 수 없다"고 지적한 바 있다. 번역한 책에 대해 애정을 가지고 있다면 작품에 대한 설명과 더불어 그것을 번역하면서 겪을 수밖에 없었던 여러 선택과 결정에 대해 공유하고, 그와 동시에 번역을 통해 작품의 가치를 높이기 위한 고민과 노력을 나눌 공간이 필요하다는 점에 필자 역시 공감한다.

원 작품이 가지고 있는 문학적 특성, 작품성에 대한 자세한 설명을 담은 해설, 평론, 작품론 등의 파라텍스트는 작품과 작가에 대한 독자의 이해를 돕고 원문의 가치를 부가시키는 데에 중요한 역할을 한다. 그러나 정작 그 작품이 상이한 언어 문화권 독자들에게 다가갈 수 있도록 통로가 되어준 것은 다름 아닌 번역이다. 원문의 작가가 심혈을 기울여 만들어낸 작품은 번역을 통해 가치 있는 또 하나의 작품으로 다시 쓰이고 다른 독자들에게 읽힌다.

위 분석 결과를 보면 작품에 대한 해설은 모든 번역에서 비중

있게 다루어지는 반면 역자 후기나 옮긴이의 글 등 역자의 독자적 공간은 마련되어 있지 않았다. 작품에 대한 해설 중 일부로서 번역에 대한 소회를 담은 경우는 있어도 그 역시 번역이 중심이 된 공간은 아니다. 번역사가 작품을 바라보는 시각과 더불어 번역에 대한 언급, 번역 과정에서 드러난 작가의 문체적 특성이나 번역의 어려움을 야기한 작품의 구체적 특징 등 해당 작품이 번역사에 의해 다시 쓰이는 과정에서 가지게 된 번역 작품으로서의 가치, 정체성을 확인할 수 있는 여백이 마련되어 있지 않다는 것을 의미한다.

번역을 한 모든 사람이 역자 후기를 통해 막중한 책임감을 토로해야 한다는 말은 아니다. 소통의 긴 터널을 뚫어낸 사람이 느낄 법한 보람과 부족함을 반드시 모든 역자가 타인과 공유해야 한다는 말도 아니다. 하지만 원 작품의 소중한 가치를 다른 언어로 재현하며 다시 써내려가는 작업은 부족한 번역이 원문 작가의 작품성과 명예를 해칠까 두려워해야 할 일도, 다른 이들로부터의 비난이 두려워 뒤로 숨어야 할 일도, 훌륭한 원문이 있기에 가능한 부차적 작업이라 겸양을 표하며 존재를 감춰야 할 일도 아니다.

번역은 엄연히 하나의 글쓰기이며, 훌륭한 작품이 그 훌륭함을 더 많은 독자들과 함께 공유할 수 있도록 만들어주는 또 다른 작품 활동이다. 원문의 명성을 등에 업고 가든 머리에 이고 가든, 이 활동에 성심껏 임한 사람이라면 작품에 대한 애정과 함께 고된 번역 작업에 대한 견해를 더 많은 독자들과 공유하고,

언젠가 또 만들어질 나보다 더 나은 번역의 탄생에 기여하고픈 욕구를 가질 수밖에 없지 않을까. 그리고 독자의 입장에서 보아도 역자가 어디에 있는지, 어떤 선택을 한 것인지 보이지 않는 번역보다 공개적으로 당당하게 역자의 견해가 표현된 번역을 더 신뢰할 수 있지 않을까.

역자 후기, 옮긴이의 글이 없다는 것은 혹 원 작품의 중요성에 비해 번역이라는 작업의 의미가 제대로 존중받지 못하고 있는 현실과 연관되는 것은 아닐지 생각해본다. "자기 현실에 대한 깊은 성찰과 반성보다는 그저 원문을 무작정 우러러보는 종살이"에 가깝다는 표현으로 이희재(2009)는 한국 번역 문화에 깊이 자리 잡은 직역주의를 꼬집은 바 있다. 원문에 대한 숭배가 전반적인 번역 방식에 강하게 영향을 주었다는 것이다.

그런데 이러한 원문 위주의 번역 풍토가 번역 방식 뿐 아니라 번역사 역할의 축소에도 기여한 것이 아닌가 하는 의구심이 든다. 역자는 그저 원문의 작가가 써놓은 것을 충실히 옮기기만 하면 됐지 번역에 대해 목소리를 낼 수 없고, 또 감히 작품에 자신의 목소리가 들어간 공간을 가져서는 안 되는 것인지, 다시금 번역과 번역사의 역할에 대해 고민해 볼 필요를 제기하는 분석 결과가 아닌가 한다.

미주

1) 이복남(2014). 유럽연합의 언어정책. 새국어생활. 24(2). 133-151.
2) 라틴 아메리카나 캐나다, 미국에서와 같이 식민지 문화의 구성원으로 이루어진 통역사들도 존재하지만 이들은 신대륙 탐험 초기 식민 정복의 역사에서 전형적인 예라고 볼 수는 없다.
3) 강지혜(2004). 통역의 이해. 한국문화사. 68쪽.
4) 베이커(편)(2009). 라우트리지 번역학백과사전. 한국번역학회 옮김. 한신문화사. 52쪽.
5) 참고자료: 위키피디아. 성경번역
https://ko.wikipedia.org/wiki/%EC%84%B1%EA%B2%BD_%EB%B2%88%EC%97%AD
6) 박상익(2006). 번역은 반역인가. 푸른역사. 20쪽.
7) 참고자료: KBS 한국사전『인연 조선의 운명을 바꾸다 - 역관 홍순언』
8) 박상익. 앞의 책. 102쪽.
9) 참고자료: 네이버 지식백과 통합논술 개념어 사전. 영어공용화론.
http://terms.naver.com/entry.nhn?docId=1997077&cid=47321&categoryId=47321
10) 참고자료: 박성래(2008). 2008년 제2기 국사전문교육과정교재. 한국사의 정체성 인식. 교육과학기술부 국사편찬위원회. 147-150
11) 참고자료: 외교관 출신 우동집 주인장의 일본 物語 〈11〉 '요미우리'와 '히키후다'. 월간조선 뉴스룸. 2017년 6월호.
http://m.monthly.chosun.com/client/news/viw.asp?nNewsNumb=201706100053
12) 박상익. 앞의 책. 22쪽.
13) 참고자료: 번역 없는 사회엔 미래가 없다. 교보문고북뉴스. 2011년 11월10일.
http://mnews.kyobobook.co.kr/board/viewBoard.ink?sntn_id=4216&orderClick=Olg

14) 쓰지 유미(1993). 번역사 산책. 이희재 옮김. 궁리. 26-7쪽.

15) 최정화(2001). 통역번역사에 도전하라. 넥서스. 152-3쪽.

16) 최정화. 앞의 책. 160-1쪽.

17) 물론 번역문은 있는데 사실 원문에서 번역한 텍스트가 아닌 경우를 뜻하는 의사번역(pseudotranslation)도 있지만 일반적인 번역의 범주에 포함되지 않는다.

18) 베이커. 앞의 책. 128쪽.

19) Nord, C.(1997). *Translating as a purposeful activity: Functionalist approaches explained*, Manchester: St. Jerome.

20) 이혜승(2004). 노한 번역에서 나타나는 사회문화적 요인 연구. 통번역교육연구. 2(2).

21) 물론 이 경우도 충무로가 가지는 문자적 의미 그대로 '김 감독이 충무로에 머물다가 떠났다' 라는 해석이 불가능한 것은 아니다. 해당 문장을 어떻게 해석할 것인가의 문제는 해당 문장의 전후 맥 락, 문맥에 의해 좌우되는데 이 경우 감독이라는 직위가 주어졌고 이로써 청자는 해당 문장에서 충무로가 영화와 관련된 맥락을 가지고 있다고 유추할 수 있다.

22) Snell-Hornby, M. ([1988] 1995). Translation Studies-An Integrated Approach. Amsterdam/Philadelphia: John Benjamins.

23) 김진영(2014). 삶의 텍스트, 소설의 텍스트 - 이광수와 톨스토이. Comparative Korean Studies. 22(3). 11-49.

24) 부스의 규격은 2.4m x 2.4m x 2.3m 이며, 회의장 소음이 부스 안에 전달되지 않으면서 동시에 부스 안 통역사의 목소리가 회의장으로 새어 나가지 않도록 폐쇄 구조를 갖추는 것이 원칙이다. 일부 국가에서는 소음이 완벽하게 차단되지 않는 개방형 부스를 활용하기도 한다.

25) 참고자료: 평창엔 장애 없어요…수화통역 경찰관 3인방의 하루. 머니투데이. 2018년 3월 17일.
http://news.mt.co.kr/mtview.php? no =201803161 4583117761

26) 나사렛대학교 재활복지대학원(2002), 국립 한국재활복지대학 수화통

역과(2002), 나사렛대학교 수화통역학과(2005) 등이 설립되었다.

27) 김연신(2012). 수화통역사의 역할에 관한 연구 : 수화통역의 영역과 수화통역사의 역할 수준을 중심으로. 강남대학교 박사학위논문.

28) 원성옥(2013). 수화. 커뮤니케이션북스.

29) 벨로스(2011). 내 귀에 바벨피시: 번역이 하는 모든 일에 관하여. 정해영, 이은경 옮김. 메멘토.

30) 2010년 국제회의통역학회 학술대회 발표문 내용을 현 상황에 맞게 수정하였다.

31) 참고자료: 국내 체류 외국인 전체 인구 3.9%… 그 중 중국인 비중 50.6%. 네이버포스트. 2016년 8월 23일.
http://m.post.naver.com/viewer/postView.nhn?volumeNo=4889716&memberNo=10005291&vType=VERTICAL

32) 최 철(2009). 법정통역의 법적 의의와 제도화에 대한 고찰. 통번역학연구 12(2). 257-270.

33) 최정화(2002). 법정통역 문제 많다. 조선일보 칼럼. 2002년 6월 23일.

34) 참고자료: 언어가 220개인데…가주 법정통역사 태부족. 한국일보. 2017년 9월 6일.
http://www.koreatimes.com/article/1074444

35) 김진아(2008). 법정통역의 실태와 향후 과제. 통번역학연구. 11(2). 21-37.

36) 참고자료: 심층기획 - 갈 길 먼 '사법통역' 美 '사법 통역사 자격제' 운영 … '언어장벽' 없애. 세계일보. 2017년 11월 26일.
http://www.segye.com/newsView/20171126002179

37) 참고자료: 박중돈의 '사건으로 본 이민생활 24시' <35>오해받는 우리말 표현. 중앙일보. 2013년 1월 12일.
http://www.koreadaily.com/news/read.asp?art_id=1568249

38) 민사재판의 경우 건당 30만원 안팎이며 회의통역의 경우 시간당 10-15만원 상당이다.

39) 정철자(2009). 시장 수요에 근거한 한국형 의료 통역 연구. 번역학연

구.11(2). 157-8쪽.

40) 이혜승(2004). 번역과 장르의 문제 연구. 통역번역연구소 논문집 (8)의 일부 참고.

41) 나보코프(2012). 나보코프의 러시아문학강의. 이혜승 옮김. 을유문화사. 560쪽.

42) Lederer, M. (1994). La traduction aujourd'hui: le modèl de interprétatif. Paris: Hachette.

43) 참고자료: 외화 번역 맘에 안든다고 번역가에게 자살 추천? 오마이뉴스. 2017년 4월 26일.
http://www.ohmynews.com/NWS_Web/View/at_pg.aspx?CNTN_CD=A0002318031

44) 참고자료: 대한출판문화협회 2015년 출판통계
http://member.kpa21.or.kr/kpa_bbs/2015%eb%85%84-%ec%b6%9c%ed%8c%90%ed%86%b5%ea%b3%84/

45) 참고자료: 네이버 지식백과. 직업의세계. 출판 저작권 에이전트.
http://terms.naver.com/entry.nhn?docId=3577070&cid=58886&categoryId=58886

46) 송기인(2015). 커뮤니케이션학, 10인의 선구자. 커뮤니케이션북스.

47) 이혜승(2010). 은유는 번역될 수 있는가. 한국학술정보.

48) Clark & Marshall(1981). Schäffner(1997:130)에서 인용

49) 박정운(2000). 틀의미론. 인지언어학. 한국문화사. 67쪽.

50) Lakoff, G. and Turner, M. (1989). More than cool reason: A field guide to poetic metaphor. Chicago and London: The Univ. of Chicago press.

51) Fillmore, C. (1982). Frame semantics. In Linguistic society of Korea (Ed.), Linguistics in the Morning Calm (pp.111-138). Seoul. Hanshin.

52) 신동희(2014). 인간과 컴퓨터의 어울림. 커뮤니케이션북스.

53) Lakoff & Turner. 앞의 책. 60-2쪽.

54) Cheong, H.J. (2003). Translated text expansion and contraction phenomena: A corpus-based study of quantitative target text changes as reflective

of translator mediation. PH.D dissertation at Graduate School of Interpretation & Translation Hankook University of Foreign Studies.

55) 구현정(2009). 대화의 기법: 이론과 실제. 경진문화사.

56) Sperber, D. & Willson, D. (1995). Relevance: Communication and cognition. Oxford: Blackwell.15-6쪽.

57) 이혜승(2004). 노-한 번역에서 나타나는 사회-문화적 요인 연구. 통번역교육연구. 2(2). 85-101. 부분적으로 재구성.

이혜승(2008). 번역과 반역의 경계 고찰- 은유 번역을 중심으로. 노어노문학 20(4). 121-150. 부분적으로 재구성.

58) 캣포드(Catford, 1965)가 처음 제시한 shift는 원문에서 번역문으로 옮겨지면서 발생하는 형식적 대응 즉, 문법적, 어휘적 대응 차원의 변화였으나 포포비치(1970)는 이것을 원문과 비교해서 새롭다고 느껴지거나 기대했던 것이 나타나지 않는 변화까지를 포괄해서 언어적 특성의 변화뿐 아니라 텍스트, 문화적 측면을 고려한 변화까지를 포함시켰다.

59) 정호정(2008:165)은 텍스트 읽기의 용이성을 말하는 가독성이 독자가 텍스트에 대해 갖고 있는 흥미, 동기, 배경지식 뿐 아니라 스타일, 디자인, 레이아웃 등 텍스트외적인 요소에 의해서도 영향을 받는 개념이기 때문에 이러한 텍스트외적 요소를 배제하고 텍스트 읽기/이해의 용이성만을 의미하는 이해용이성(accessibility)으로 국한하여 살펴본다. 여기서는 실제 번역계에서 일반적으로 쓰이고 번역문 문화권에 자연스럽게 수용될 수 있는 특성을 지칭하는 것으로 가독성 개념을 사용함을 밝힌다.

60) Choi(2005). The role of translators and issues of choice: faithfulness and readability in literary translations. *FORUM* 3(2). 39-57.

61) 한국어로는 '적절성'으로 번역되는 경우도 있으나 원문에 대해 번역문이 얼마나 적절한가 즉, 원문에 대한 관계의 적절성을 뜻하는 투리(Toury, 1995)의 adequacy와는 다른 개념으로 번역의 전체 목적에 번역문이 얼마나 부합하는가를 뜻하는 개념으로서 본고에서는 '번역충분성'이라는 용어를 사용하기로 한다.

62) 번역문이 무엇을 목적으로 하고 있는지, 어떤 독자를 대상으로 하고 있는지 등의 정보가 들어있는 일종의 번역 지시사항을 번역 브리프(translation brief)라고 한다.

63) Nord(1997) 에서 인용.

64) Bassnett, S. ([1980] 1991). Translation studies. London: Routledge. 6쪽.

65) Hymes, D. (1964). *Language in culture and society: A reader in linguistics and anthropology*, New York: Harper & Row.

66) Göhring, 1977, Snell-Hornby([1988]1995)에서 인용

67) 이혜승(2016). 한국 영화 제목의 러시아어 번역 양상에 대한 연구 - 영어 제목과의 연관성을 고려하여. 통역과 번역. 18(1). 185-209. 부분적으로 재구성.

68) 참고자료: 국립국어원. 표준국어대사전.
http://stdweb2.korean.go.kr/search/List_dic.jsp

69) 서울신문, 2016.2.18일자

70) 한겨레신문, 2016.2.18일자

71) 참고자료: 영화 흥행, 제목에 달렸다. KBSNEWS. 2001년 6월 5일.
http://news.kbs.co.kr/news/view.do?ncd=201366

72) 참고자료: 영화마케팅(1)- 관객을 끌어들이는 영화제목.
http://data.adic.co.kr/lit/fulltext/S0006701/01.html

73) 1996년 개봉된 한국 영화 47편 중 완전히 외국어로 제목을 붙인 것이 20편, 외국어를 일부 사용한 경우가 4편에 달해서 한국 영화 제목안의 외국어 사용이 50%를 넘어섰다(앞의 책, 18-19).

74) '솔드아웃'의 경우 원제와는 전혀 다른 외국어를 제목으로 선정한 경우에 해당하는데 크리스마스 캐럴에 나오듯 '줄곧 짤랑짤랑 방울을 울리며 나아간다(Jingle All the Way)'는 의미의 원제를 무시하고 '매진'이라는 뜻을 가지는 '솔드아웃'을 선택했다.

75) 같은 기간 이탈리아 영화가 6편, 중국 영화가 1편이었던 것을 감안하면 적지 않은 수라고 자하로프는 평가한다.

76) 백만이라는 단어가 원제와 러시아어 제목에 모두 들어있어서 원제의

일부만 바뀐 부분전환으로 분류할 수도 있지만 러시아어 제목에서는 백만이 아닌 백만장자가 하나의 단어로 되어 있으므로 다른 단어로 보고 전체 전환에 포함시켰음을 밝힌다.

77) 이혜승(2010). 외국인에 의한 한국 문학번역 고찰 - 러시아어 문학 번역 실습을 중심으로. 통역과 번역. 12(1). 199-219. 부분적으로 재구성.

78) 박상익. 앞의 책. 27쪽.

79) 유럽문화정보센터(2004). vi.

80) 오정숙(2004). 프랑스의 한국문학 - 번역 현황 및 발전 방향에 대한 모색. 유럽문화정보센터. 한국 문학의 외국어 번역. 서울: 연세대학교 출판부.

81) 엄순천(2004). 한국 문학의 러시아어 번역. 유럽문화정보센터. 한국 문학의 외국어 번역. 서울: 연세대학교 출판부.

82) 러시아어권은 2009년 정규과정이 처음 개설되었다.

83) 이혜승(2013). 자국화와 이국화에 대한 이론적 고찰. 통번역 교육연구. 11(3). 123-140. 부분적으로 재구성.

84) 로젠츠바이크는 번역은 원작, 원저자, 외국어라는 첫 번째 주인과 모국어라는 두 번째 주인을 섬기는, "두 주인을 섬기는 것"이라고 표현한다. 베르만은 이 현실에서 번역의 비극이 발생한다고 말한다(베르만, 2009:16).

85) 무냉이 1955년 발표한『아름답지만 부정한 여인들』에서 사용한 용어. 고골이 번역가의 임무는 '유리가 없다고 착각할 정도로 너무나 투명한 유리가 되기'라고 말한 데서 유래. "유리가 너무 투명해서 있다는 사실조차 망각할 정도의 의역"과 "유리의 존재가 즉각 눈에 들어오는 직역"을 각각 투명유리와 채색유리에 비유한다(정혜용, 2012:38).

86) 베이커. 앞의 책. 360쪽.

87) 슐트 & 바이기넷(편)(2009). 번역이론-드라이든에서 데리다까지의 논선. 이재성 옮김. 동인. 67쪽.

88) 앞의 책. 93쪽.

89) 프랑스 소설 Druid에서 나이든 사람의 현명함, 혜안을 반영하는 의미

를 가진 Panoramics라는 주인공 이름을 영어 번역서에서는 그와 유사한 의미를 가지는 Get-a-fix로, 독일어 번역서에서는 Miraculix로 바꾼 경우가 이에 해당한다.

90) T. Eliot의 'Old Possum's Book of Practical Cats'에 등장하는 Though his name was very famous, he says, in its time. 의 '유명한'이라는 표현 대신 one could read about him in papers everyday. '신문지상에 매일 오르내렸다' 라는 독일어로 옮겨준 경우를 예로 들고 있다.

91) 위의 Eliot의 작품에서 병들고 보잘 것 없고 늙은 고양이 Gus에 대한 묘사가 주요 요소가 되는 부분에서 그 고양이의 특성을 묘사하면서 '거의 죽을 지경에 이르른'이라는 표현을 TT에서 첨가해줌으로써 해당 장면을 보다 더 강화시키고 확장시키는 효과를 주는 경우이다.

92) 소세지 안에 빵이 많이 들어가 있는 싸구려 영국 소세지를 그와 같은 대상이 없는 독일어로 번역을 해주기 위해서 'bread sausage'라고 해석할 수 있는 Brotwurst라는 신조어를 새로 만들어낸 경우를 말한다.

93) 벤야민(2008). 언어 일반과 인간의 언어에 대하여 - 번역자의 과제. 최성만 옮김. 길.

94) 베르만(2009). 낯선 것으로부터 오는 시련 - 독일 낭만주의 문화와 번역. 윤성우, 이향 옮김. 철학과 현실사.

95) 이와 같은 성향은 고대 로마, 프랑스 고전주의 근대 북미 문화에서 찾아볼 수 있다고 부연한다.

96) 대표적으로 밀턴의『실락원』을 번역한 축어역의 대가 샤토브리앙을 들 수 있다. 그의 번역은 원문을 거의 전사하다시피 했는데, 이 번역에 대해 푸시킨은 의미와 표현에 충실하지 않은 번역이라는 혹평을 가한다.

97) 베누티(2006). 번역의 윤리. 임호경 옮김. 열린 책들.

98) 이혜승(2016). 제목 번역에 대한 소고 - 위대한 탈출 번역 관련 문제제기를 중심으로. 통번역학연구. 20(1). 125-145. 부분적으로 재구성.

99) 김공회 연구위원의 위 지적 중 세 번째 줄에 포함된 표현이다.

100) 이혜승(2014). 번역문 파라텍스트의 유형과 역할 고찰 -『카라마조프가의 형제들』을 중심으로. 통번역교육연구. 12(3). 181-201. 부분적으로 재구성.

101) Genette(1987). 지영래, 박선희(2010)에서 인용.

102) Nelson(1998), 한미선(2013)에서 인용.

103) 작품별로 각각 8개, 9개 번역문이 분석되었는데, 이 중 하나씩의 번역문을 제외하고는 파라텍스트가 모두 포함되어 있다.

104) 역자서문이나 역자후기는 2000년대 김화영의 번역 이후에야 다시 나타나기 시작했다고 밝히고 있다.

105) 1980년대에는 칼라사진이 등장해서 작품의 배경이 되는 프랑스 지방에 대한 소개가 첨가된 것을 볼 수 있고 1990~2000년대에는 논술용 문학 시리즈의 등장으로 작품 뒤에 논술 문항이 다수 첨가되어 있다.

106) 김행숙의 시집『사춘기』를 소개하는 앞날개 글에 '객관화'라는 단어가 '객환화'로 잘못 표기되어 있었는데, 이것을 신형철은 '객관적 환상'이라는 말로 풀어서 설명하며 김행숙 시의 특성을 '객환화 기법'이라고 부르자고 제안한 바 있다.

107) 총 2권으로 구성되어 있는데, 1권의 출판 연도는 1974년, 2권은 1979년이라고 기록되어 있다.

참고문헌

강지혜(2004). 통역의 이해. 서울: 한국문화사.

강지혜(2008). 번역기사의 제목에 관한 연구: 뉴스위크 한국판의 북한 관련 번역 기사를 중심으로. 번역학연구. 9(2). 7-43.

구현정(2009). 대화의 기법: 이론과 실제. 서울: 경진문화사.

김공회(2015). '위대한 왜곡' 앵거스 디턴의『위대한 탈출』번역에 관하여. 김공회 블로그.
http://socialandmaterial.net/?p=33921

김공회(2015). 한경BP는 어떻게 디턴의『위대한 탈출』을 왜곡했나. 한겨레신문. 10월 22일.
http://www.hani.co.kr/arti/economy/economy_general/713967.html#csidx39984d5ea8895368498d82b91861d0f

김기태. 영화마케팅(1)- 관객을 끌어들이는 영화제목.
http://data.adic.co.kr/lit/fulltext/S0006701/01.htm

김수경(2008). 한·일 양국의 영화제목 번역 양상 연구 : 문화적 배경이 번역에 미치는 영향. 미출판 석사학위 논문. 중앙대학교, 서울.

김수용(2004). 한국문학의 해외 소개 현황. 유럽문화정보센터. 한국 문학의 외국어 번역. 서울: 연세대학교 출판부.

김순영(2006). 스코포스의 관점에서 본 영화제목 번역 유형. 통번역교육연구. 4(2). 31-46.

김연신(2012). 수화통역사의 역할에 관한 연구 : 수화통역의 영역과 수 화통역사의 역할 수준을 중심으로. 미출판 박사학위 논문. 강남대학교. 서울.

김용옥(1990). 동양학 어떻게 할 것인가. 서울: 통나무.

김욱동(2012). 속담의 성차별과 젠더 번역. 통번역학연구. (16)4. 109-27.

김진아(2008). 법정통역의 실태와 향후 과제. 통번역학연구. 11(2). 21-37.

김진영(2014). 삶의 텍스트, 소설의 텍스트 - 이광수와 톨스토이. Comparative Korean Studies. 22(3). 11-49.

나보코프(2012). 나보코프의 러시아문학강의. 이혜승 옮김. 서울: 을유문화사.

러시아의 소리(2013). 러시아에 부는 한류 열풍.
http://kr.sputniknews.com/korean.ruvr.ru/2013_04_26/111849693/

류현주(2008). 로만 야콥슨의 번역이론과 영상번역: 우리말 사용 실태를 중심으로. 번역학연구. 9(4). 77-91.

박미정(2013). 신문사의 이데올로기와 헤드라인 번역 : 한일번역과 한영번역 비교를 중심으로. 통번역학연구. 17(3). 231-251.

박상익(2006). 번역은 반역인가. 서울: 푸른역사.

박영복, 최인화(1999). 제목으로 영화읽기. 서울: 현암사.

박정운(2000). 틀의미론. 인지언어학. 서울: 한국문화사.

베누티(2006). 번역의 윤리. 임호경 옮김. 서울: 열린 책들.

베르만(2009). 낯선 것으로부터 오는 시련 – 독일 낭만주의 문화와 번역. 윤성우, 이향 옮김. 서울: 철학과 현실사.

베이커(편)(2009). 라우트리지 번역학백과사전. 한국번역학회 옮김. 서울: 한신문화사.

벤야민(2008). 언어 일반과 인간의 언어에 대하여 – 번역자의 과제. 최성만 옮김. 서울: 길.

벨로스(2011). 내 귀에 바벨피시: 번역이 하는 모든 일에 관하여. 정해영, 이은경 옮김. 서울: 메멘토.

송기인(2015). 커뮤니케이션학, 10인의 선구자. 서울: 커뮤니케이션북스.

송순섭(2004). 체코어로 소개된 한국문학의 현황 연구. 유럽문화정보센터. 한국문학의 외국어 번역. 서울: 연세대학교 출판부.

슐트 & 바이기넷(편)(2009). 번역이론 – 드라이든에서 데리다까지의 논선. 이재성 옮김. 서울: 동인.

신동희(2014). 인간과 컴퓨터의 어울림. 서울: 커뮤니케이션북스.

쓰지 유미(1993). 번역사 산책. 이희재 옮김. 서울: 궁리.

알루아레즈 & 비달(2007). 번역, 권력, 전복. 윤일환 옮김. 서울: 동인.

엄순천(2004). 한국 문학의 러시아어 번역. 유럽문화정보센터. 한국 문학의 외국어 번역. 서울: 연세대학교 출판부.

오미형(2012). 한국영화의 제목번역 고찰. 번역학연구. 13(1). 59-85.

오정숙(2004). 프랑스의 한국문학 - 번역 현황 및 발전 방향에 대한 모색. 유럽문화정보센터. 한국 문학의 외국어 번역. 서울: 연세대학교 출판부.

원성옥(2013). 수화. 서울: 커뮤니케이션북스.

연세대학교 유럽문화정보센터(2004). 한국 문학의 외국어 번역. 서울: 연세대학교 출판부.

윤성우(2010). 번역(飜譯, translation/traduction)에서의 trans-/tra- 개념: 벤야민에서 베르만으로. 기호학연구. (27). 59-82.

이복남(2014). 유럽연합의 언어정책. 새국어생활. 24(2). 133-151.

이혜승(2004). 노한 번역에서 나타나는 사회문화적 요인 연구. 통번역교육연구. 2(2). 85-101.

이혜승(2004). 번역과 장르의 문제 연구. 통역번역연구소 논문집. (8). 103-121.

이혜승(2008). 번역과 반역의 경계 고찰- 은유 번역을 중심으로. 노어노문학. 20(4). 121-150.

이혜승(2010). 외국인에 의한 한국 문학번역 고찰 – 러시아어 문학 번역 실습을 중심으로. 통역과 번역. 12(1). 199-219.

이혜승(2010). 은유는 번역될 수 있는가. 서울: 한국학술정보.

이혜승(2013). 자국화와 이국화에 대한 이론적 고찰. 통번역교육연구. 11(3). 123-140.

이혜승(2014). 번역문 파라텍스트의 유형과 역할 고찰 -『카라마조프가의 형제들』을 중심으로. 통번역교육연구. 12(3). 181-201.

이혜승(2016). 제목 번역에 대한 소고 – 위대한 탈출 번역 관련 문제제기를 중심으로. 통번역학연구. 20(1). 125-145.

이혜승(2016). 한국 영화 제목의 러시아어 번역 양상에 대한 연구 – 영어 제목과의 연관성을 고려하여. 통역과 번역. 18(1). 185-209.

이희재(2009). 번역의 탄생. 서울: 교양인.

자하로프(2013). 러시아 속 한국영화. 러시아포커스. http://russiafocus.co.kr/arts/2013/04/01/41659

정철자(2009). 시장 수요에 근거한 한국형 의료 통역 연구. 번역학연구.11(2). 151-172.

정혜용(2011). 번역 논쟁. 서울: 열린 책들.

정호정(2008). 번역된 문화텍스트의 정보성 등가와 로마자 표기 방식의 문제점. 국제회의 통역과 번역. 10(1). 161-188.

지영래, 박선희(2010). 번역본에서의 곁텍스트의 위상: 『마담 보바리』의 번역본을 중심으로. 번역학연구. 11(3). 247-276.

최의식(2011). 파라텍스트 분석에 의한 번역비평 시론: 발자크의 『고리오 영감』을 중심으로. 프랑스학연구. 57. 195-234.

최정화(2001). 통역번역사에 도전하라. 서울: 넥서스.

최정화(2002). 법정통역 문제 많다. 조선일보 칼럼. 2002년 6월 23일.

최 철(2009). 법정통역의 법적 의의와 제도화에 대한 고찰. 통번역학연구. 12(2). 257-270.

쾰러(1997). 번역학이란 무엇인가. 박용삼 옮김. 서울: 숭실대학교 출판부.

표준국어대사전. 국립국어원: 서울.

한미선(2013). 풍자소설 번역에서의 곁텍스트 기능 및 특징: 『걸리버 여행기』와 『동물농장』을 중심으로. 번역학연구, 14(4). 199-221.

Alvarez, R. & Vidal, C.A. (1990). Translation, Power, Subversion. Clevedon & Philadelphia: Multilingual Matters.

Aslani, M. & Salmani, B. (2015). Ideology and translation: A critical discourse analysis approach towards the representation of political news in translation. International Journal of applied linguistics and english literature. 4(3). 80-88.

Baker, M. (1992). In other words: A coursebook on translation. London & NY: Routledge.

Bassnet, S. & Lefevre, A. (1990). Translation, history and culture. London & NY: Pinter Publishers.

Bassnett, S. ([1980] 1991). Translation studies. London: Routledge.

Bassnett, S. (1996). The meek or the mighty. In. R. Alvarez & M. Carmen-Africa Vidal (Eds.), Translation, power, subversion (pp. 10-24). Clevedon: R. Alvarez & M. Carmen-Africa Vidal.

Catford, J.C. (1965). A linguistic theory of translation: An essay in applied linguistics. London: Oxford university press.

Cheong, H.J. (2003). Translated text expansion and contraction phenomena: A corpus-based study of quantitative target text changes as reflective of translator mediation. PH.D dissertation at Graduate School of Interpretation & Translation Hankook University of Foreign Studies.

Choi. J.W. (2005). The role of translators and issues of choice: faithfulness and readability in literary translations. FORUM 3(2). 39-57.

Deaton, A. (2013). The Great Escape: Health, Wealth, and the Origins of Inequality. New Jersey: Princeton University press.

Fillmore, C. (1982). Frame semantics. In Linguistic society of Korea (Ed.), Linguistics in the Morning Calm (pp.111-38). Seoul. Hanshin.

Grice, H.P. (1975). Logic and conversation. London: Oxford university press.

Hatim, B. & Mason, I. (1990). Discourse and Translator, London and NY : Longman.

Hymes, D. (1964). Language in culture and society: A reader in linguistics and anthropology, NY: Harper & Row.

Jakobson, R. (1959). On linguistic aspects of translation. In L. Venuti (Ed.), The translation studies reader (pp.113-18). London and NY: Routledge.

Kussmaul, P. (1995). Training the translator. Amsterdam/Philadelphia : John Benjamins.

Kussmaul, P. (1997). Text Type Conventions and Translating: Some Methodological Issues. In A. Trosborg. (Ed.), Text Typology and Translation (pp 68-83). Amsterdam & Philadelphia : John Benjamins.

Kussmaul, P. (2000). A cognitive framework for looking at creative mental processes. In M. Olohan (Ed.), Intercultural faultlines: Research models in translation studies - textual and cognitive aspects (pp.57-71). Manchester, UK: St. Jerome.

Lakoff, G. & Turner, M. (1989). More than cool reason: A field guide to poetic metaphor. Chicago and London: The University of Chicago press.

Larson, M.L. (1984). Meanng-based translation: A guide to cross-language equivalence. Lanham: University Press of America.

Lasswell, H.D. (1948). The structure and function of communication in society. In Bryson, L. (Ed.), The Communication of Ideas. NY: Harper and Brothers.

Lederer, M. (1994). La traduction aujourd'hui: le modèl de interprétatif. Paris: Hachette.

Leppihalme, R. (1997). Culture bumps - An empirical approach to the translation of allusions. Clevedon: Multilingual Matters.

Maclean, M. (1991). Pretexts and Paratexts: The Art of the Peripheral. New Literary History. 22(2). 273-79.

Neubert, A. & Shreve, G.M. (1992). Translation as Text. Ohio: The Kent State University Press.

Newmark, P. (1991). About translation. Clevedon: Multilingual matters.

Newmark, P.(1981). About translation. Clendon & Buffalo: Multilingual Matters.

Nida, E. (1964). Toward a science of translating: With special reference to principles and procedures involved in Bible. Leiden: E .J. Brill.

Nida, E. A. & Taber. C.R. (1969) The Theory and Practice of Translation, Leiden: E. J. Brill.

Nord, C. (1997). Translating as a purposeful activity: Functionalist approaches explained, Manchester: St. Jerome.

Pöchhacker (2004). Interpreting studies. London: Routledge.

Popovič, A. (1970). The concept of shift of expression in translation analysis. In J. Holmes & F. Haan & A. Popovic (Eds.), The nature of translation (pp.78-87). The Hague: Mouton.

Reiss, K. (1977). Text types, translation types and translation assesment. In A. Chesterman (Ed.), Readings in Translation Theory (pp.105-15). Helsinki: Finn Lectura.

Seleskovitch, D. (1978). Interpreting for International Conferences. Washington: Pen and Booth. Translator and interpreter training and foreign language pedagogy. Albany, NY: SUNY.

Seleskovitch, D.(1988). Technical and literary translation: A unifying view. In Picken C. (Ed.). ITI conference 2. London: Aslib.

Shäffner, C. (1997). Strategies of translating political texts. In A. Trosborg (Ed.), Text Typology and Translation (pp.119-43). Amsterdam/Philadelphia : John Benjamins.

Shuttleworth, M. & Cowie, M. (1997). Dictionary of translation studies. Manchester, UK: St. Jerome.

Snell-Hornby, M. ([1988] 1995). Translation Studies – An Integrated Approach. Amsterdam/Philadelphia: John Benjamins.

Sperber, D. & Willson, D. (1995). Relevance: Communication and cognition. Oxford: Blackwell.

Toury, G. (1985). A rationale for descriptive translation studies. In T. Hermans (Ed.), The manipulation of literature: studies in literary translation (pp.16-41). London: Croom Helm.

Toury, G. (1995). Descriptive traslation studies and beyond. Amsterdam and Philadelphia: John Benjamins.

Trosborg, A. (1997). Text Typology and Translation. Amsterdam/Philadelphia : John Benjamins.

Venuti, L. (1995). The Translator's Invisibility, London/NY: Routledge.

Vermeer, H. J. (1989). Skopos and commission in translational action. In A. Chesterman (Ed.), Readings in Translation Theory (pp.173-87). Helsinki: Oy Finn Lectura Ab.

Vinay, J.P. & Darbelnet, J. ([1958] 1995). Comparative stylistics of French and English: A Methodology for translation. In L. Venuti (Ed.), The translation studies reader (pp. 84-93). London & NY: Routledge.

Wilss, W. (1996). Knowledge and skills in translator behavior. Amsterdam & Philadelphia : John Benjamins.

이혜승

연세대학교 노어노문학과를 졸업하고 한국외국어대학교 통역번역대학원에서 통번역학으로 석·박사학위를 받았다. 연세대학교, 한국외국어대학교, 한국문학번역원 등에서 러시아어와 문화, 통역과 번역을 강의하였으며, 현재 수원대학교 외국어문학부 교수로 재직 중이다. 한국통역번역학회 회장을 역임하였으며, 한국과 러시아어권 국가의 정상회담, 정부간 고위급 회의, 다자간 국제회의 등에서 국제회의 통역사로 활동하고 있다. 한국형 온라인 공개강좌(KMOOC) 플랫폼에서 "글로벌소통의 중심, 통역과 번역", "도시와 언어로 만나는 러시아" 2개의 개별 강좌를 운영하고 있다

저서
러한 전문용어 사전 공저(정치편) (2004, 민중서림)
은유는 번역될 수 있는가 (2010, 한국학술정보)
내게는 특별한 러시아어를 부탁해 (2017, 다락원)

역서
나보코프의 러시아문학강의 (2022(2012), 을유문화사)
텍스트 유형론 (2021, 한국외대 지식출판컨텐츠원)

통역과 번역의 이해

초판 1쇄 발행 _ 2018년 4월 27일
1판 2쇄 발행 _ 2018년 8월 27일
1판 3쇄 발행 _ 2019년 8월 30일
1판 4쇄 발행 _ 2022년 11월 18일

저 자 • 이 혜 승
발 행 인 • 정 현 걸
발 행 • 신 아 사
인 쇄 • 대명프린팅
출판등록 • 1956년 1월 5일 (제9-52호)
주 소 • 서울시 은평구 통일로 59길 4 (2F)
전 화 • 02)382-6411 · 팩스 02)382-6401
홈페이지 • www.shinasa.co.kr
E-MAIL • shinasa@daum.net

ISBN 978-89-8396-280-5(93700)

정가 14,000원